ステップアップ介護

よくある場面
から学ぶ

介護記録

鈴木真＝著

中央法規

はじめに

　「ステップアップ介護」は、介護職の皆さんが専門職として新たな一歩をふみ出すためのシリーズです。日頃の業務のなかで、「やってしまいがち」「よかれと思ってやっている」「あいまいなままやっている」「よくわからなくて困っている」といった場面はないでしょうか。本シリーズでは、そのような、介護現場によくある場面をイラストで紹介し、具体的にどのように考え、どのように対応したらよいのかをわかりやすく解説しました。

　基本的には、一つの場面を4ページで展開しています。前から順に読んでいただくことも、場面を選んで読んでいただくこともできるようになっています。ぜひ、パラパラとめくってみてください。きっと気になる場面が出てくると思います。

　また、本シリーズは、複数の介護事業所にヒアリングをさせていただき、「介護職が押さえておきたいテーマ」「職員研修で必ず取り上げるテーマ」として共通してあがってきたものをラインナップとしてそろえています。根拠となる知識や応用的な知識も収載していますので、新人研修や事業所内研修にも、そのまま活用していただけるものと思います。

　「介助はできるけど、記録が書けない」という声を、特に介護経験の少ない介護職からよく聞きます。また、その声にこたえようと指導される方も、「どのように指導すればいいかわからない」と不安を抱えながら、自らが上司や先輩から指導されたことや経験などを組み合わせた自己流のやり方で教えているのが現状かと思います。

　記録は、「書く」という作業より、記録に残すべき状況を切り取る「判断」のほうが重要です。そのため、本書『よくある場面から学ぶ介護記録』は、記録の書き方の説明から入るのではなく、介護

でありそうな場面をイラストにして、イラストの場面をながめながら、どことどこを切り取って書けばよいかを学ぶことができるようになっています。

　具体的には、ダメな記録例とよい記録例の比較ができ、どこにポイントをおいて記録することが大切かが理解できるようになっています。自分が書いた記録についても振り返りをしながら、記録の書き方を身につけていきましょう。

　記録を書く目的は、チームで利用者の情報を共有すること、介護職が行った介護について振り返りを行うことです。これらは介護の質を向上させることにつながるため、よい記録を書くことはとても大切です。加えて、例えば、行った介護で何か問題になった場合に、きちんと記録を残していれば何をしたのかを明らかにでき、自らを守ることができます。これも記録を書く目的の一つです。

　記録を書くことに慣れていない方は、難しく考えず、まずは書いてみることが大切です。本書にふれて、その一歩をふみ出してみてください。

　シリーズキャラクターである「つぼみちゃん」「はなこ先輩」とともに、自分で考え、実践できる介護職として成長し続けるために、また、事業所全体の介護をステップアップさせるために、本書をご活用いただければ幸いです。

2020 年 3 月　鈴木真

目次

はじめに

Part 3　利用者とのやりとりの記録

キャラクター紹介

つぼみちゃん —— TSUBOMI CHAN

介護施設で働きはじめたばかり。憧れのはなこ先輩のように、花咲くことを夢見て一生懸命介護の仕事をがんばっている。
好きな食べ物はパンケーキ。おひさまを浴びることが大好き。

はなこ先輩 —— HANAKO SENPAI

つぼみちゃんの教育係の先輩。素直でいつも前向きなつぼみちゃんを応援している。
好きな果物はリンゴ。ミツバチと小鳥がお友達。

Part 1

記録の基本

まずは、介護記録を書くときの基本的なことを学ぶよ。

いつも書く文章とどう違うのかな？

1 記録ってどうして書く必要があるんだろう?

記録を書くのは面倒くさいよね。ふだんの介護がちゃんとしていればいらないんじゃないかなあ?

ふだんの介護をするなかで記録を書くのは確かに大変だね。記録を書くことにはどんな意味があるのかを最初に確認してみよう。

● チームでの情報共有のため

24時間365日1人の利用者を介護することは、1人の介護職ではできません。必ず、誰かとチームを組んで介護をします。そのため、利用者に関する情報を自分だけがわかっていても、日々の生活はよくなりません。知り得たことを記録に書くことで、直接伝えられない人も情報を共有できます。その結果、介護職による介助方法のばらつきが少なくなり、利用者のQOL(生活の質)の向上につながります。

このような記録を通した情報共有をすることが、介護実践の場では大切なのです。

● 適切な介護を行ったという「事実」を示すため

記録は介護職だけのものでなく、利用者やその家族も読むものです。そのため、きちんとした記録を書いていれば、適切な介護を行ったことを確認してもらうことができ、信頼関係の構築にもつながります。

また、介護保険などの制度上、提供した介護内容の結果を記録することで、報酬を得ることができます。加えて、事故や訴訟など、

万が一の事態があったとき、記録を証拠として備え、自分を守ることもできます。

● 介護職の介護の質の向上と振り返りのため

　介護は、1回でうまくいくなどということはありません。日々、挑戦と失敗のくり返しです。

　そのなかで、個々の利用者に合った方法を見つけ出すことが大切です。記録があると、過去に行った介護でうまくいったことやうまくいかなかったことを振り返ることができます。次に同様の介護を行うときは、失敗を無駄にせず、どこを改善したらさらによくなるのかを考えて介護を行うことで、介護の質は向上するのです。

　一瞬利用者がつぶやいた本音や見せてくれた表情、または利用者の家族が話してくれたことなど、二度と出会えないかもしれないことがあります。そうした情報を記録に積み重ねることで、利用者への理解が深まります。また、ほかの介護職が書いた記録を読めば、自分では気づかなかったことがわかり、次に利用者にかかわる際の観察ポイントや声をかける際の注意点を理解することができます。

　このように、記録は単に起こったことを書いておくというものではなく、介護の質を高め、利用者からの信頼を高めることにつながるものです。本書で示す記録の書き方を学んで、よい記録を書き、よい介護を提供できるようにしましょう。

この本で指摘することは、ここで書いたポイントがもとになっているよ。

各場面でこれらのポイントがどういきてくるのか思い浮かべながら読み進めよう！

② 覚えていることだけを書けばよい?!

考えてみよう！ 丁寧な記録が書けるかな？

　介護職のAさんは、利用者のCさんの車いすの座り直しの介助をしました。その後すぐ、一緒にいたCさんの娘から夏祭りの話をされ、そちらの対応をする必要があったので、「後で書けば平気」と思ってメモは取らず、5分ほど話をしてから記録を書きました。

 5分しか経っていないし、座り直しの介助ならメモなんて取らずに覚えていることだけ書けばいいんじゃないかな。

 座り直しの介助であっても、メモを取らずに細かいことまで覚えていられるかな？

Cさま

日時	内容
14:00	Cさんの希望があり、座り直しの介助をする。娘さんと今度の夏祭りについて話をする。

確認しよう！　どこがダメなの？

チェック 1　メモを取っていない！

　家族への対応は重要ですが、メモを取らない理由にはなりません。特に、介護の仕事に慣れていない時期は、覚えることや学ぶことがたくさんあります。

チェック 2　すぐに記録を書かないリスクを理解していない！

　家族の話が長引いたり、上司から声をかけられれば、無視はできません。記録が後回しになって、そのときのことを細かく思い出せなくなってしまうこともあります。

チェック 3　記憶を頼りに記録を書いている！

　人の記憶はあいまいです。今しがたあった出来事（できごと）も、次に何かがあればすぐに忘れてしまいます。

どうしたらいいの？ 細かくメモを取ろう

Cさま

日時	内容
14:00	給湯室でコップを洗っていると、Cさんから「座り直したいんだけど、手伝ってくれる？」と言われた。「一度立ち上がって座り直しましょう」と伝え、Cさんと廊下まで移動して、手すりを持ってもらい、立ち上がってもらった。そのまま車いすを差し込み、座ってもらう。「どうですか」と私が聞くと「うん。ずれちゃって腰が痛かったけど、今は平気」と言われる。介助後に娘さんから「夏祭りの日は、花火の前の16時頃に来ますね、楽しみなんですよ」と話をされる。

ポイント 1 　細かくメモを取る

　介助行為ごとに細かくメモを取りましょう。そのために、メモ帳はポケットに入るサイズの物を使い、すぐに取り出してメモを取れるようにしておきましょう。

ポイント 2 　メモにもとづいて正確な記録を書く

　「肉が好き」なのに「肉が嫌い」と記録に書いてしまったら、好きな肉料理が食卓に並ぶことがなくなってしまいます。あいまいな記憶で記録を書くことはやめましょう。

● よい記録を書くために、日頃からメモを取ろう

　メモにキーワードだけでもあれば、その場面を思い出しやすくなります。メモが記憶を引き出すヒントになるのです。また、そのキーワードをつなぎ合わせ、記憶と照らし合わせて頭のなかで整理すると、1行だった記録が2行、3行と増え、内容が濃くなるでしょう。また、どのように記録するかを考えながらメモを取ることができるようになれば、記録を書くときに、キーワードだけでもすぐに文章が浮かぶようになるので、効率化を図ることができます。

　介護の仕事に慣れていない時期は、覚えることがたくさんあります。そのため、細かいことでもメモをたくさん取っておけば、後で自分を助けてくれます。ただし、汚い字で書き、後で読み返せないようでは意味がありません。

　また、家族や上司とのやりとりの場合、目の前でメモを取ることは失礼にあたると思うかもしれませんが、相手は「聞いてくれている」「メモを取るほど大事だと思ってくれている」とかえって信頼してもらえるでしょう。

 メモはキーワードだけでよい

　メモはたくさん書く必要はありません。自分が後で見返してわかればOKです。キーワードを並べるだけでよいので、忘れないうちにメモを取るようにしましょう。

3 何を書いてよいかわからない……

手伝ってくれるかな？

わかりました。

考えてみよう！ いつもどおりのときは何を書けばよいのかな？

　右片麻痺のある利用者のＤさんは、食事のときにシャツに食べ物をこぼして汚してしまい、自室に戻って着替えをしました。介護職のＢさんは、Ｄさんの着替えの一部介助をしましたが、いつもどおりの介助だったので、どう記録を書けばよいかわからないようです。

毎日何か大きな出来事が起こるわけじゃないから、書くことがなくて困ってしまうんだよね。

記録は大きな出来事がないと書けないものではないんじゃないかな。記録にはどんなことを書くべきか、もう一度考えてみよう。

このときの記録

Dさま

日時	内容
13:00	自室で、汚れたシャツを介助にて更衣する。

確認しよう！　どこがダメなの？

チェック 1　どのような声かけをしたのか書かれていない！

　どのような介助をするにも、声かけをしない介助はないはずです。この記録では、介助時にどのような声かけをしたのかがわかりません。

チェック 2　どのような方法で介助したのか書かれていない！

　「更衣介助」も利用者の状態や着替えるものによって介助の方法は異なるはずです。この記録だと、ほかの介護職が読んだときに、介助がどのように行われたのかがわかりません。利用者が介助してほしいところや、逆に介助が必要ないところも後から判断できません。

「更衣介助」をどう行ったかなんて、どんな文章にすればいいのかなあ？

Dさま

日時	内容
13：00	自室に戻り、Dさんにシャツを選んでもらい、更衣する。「① まずはボタンをはずしましょう」と声をかけると ② 左手でボタンをはずしはじめ、すべてはずすことができている。「① 次は左手を脱ぐことはできますか」と声をかけると、② 左そでを口で少しかみ、肩まで脱いだ。するとDさんは「あとは、できないんだ。手伝ってくれるかな」と言われたので、② 背中と右手を脱ぐのを介助する。② 次にベッドに置いた新しいシャツを左手で取り、右手から背中、左手と自分で着ることができている。Dさんに了承を得て、最後に確認をし、シャツの右肩の上げきれていないところと背中の伸ばしきれていない部分を直した。

ポイント 1　　介助のときにかけた言葉をそのまま書く

　声をかけたこととその内容を記録しましょう。その際には丁寧な言葉づかいに直して書くのではなく、そのまま書くことが大切です。利用者の意欲を引き出せたかどうかがわかるように、利用者の反応（言葉や行動）も書きましょう。

ポイント 2　　介助した手順と利用者の動作を書く

　介助したときの手順と利用者の反応や動作を記録しておくと、利用者の動作能力が評価でき、必要な介助内容も同時にわかります。そのため、介助した手順と利用者の動作は忘れずに書いておくようにしましょう。

● 介護記録に書くことがないという状況はない

　介護が必要ということは、何か生活に課題があるということです。その課題に対して、どのように対処・対応したのか、注意深く観察すべきことはないのかなど、ほかの介護職にも知っておいてほしいことを思い浮かべると、記録すべきことがわかります。

 介助を実況中継してみよう！

　　記録に書くことがなくて悩む場合には、介助を声に出して行うと記憶に残りやすく、記録を書きやすくなります。
　　例えば、上着の着衣介助の際には、「さあ、右手から着ていきましょう。右手が通りましたね。肘まで着ることができましたよ、今度は肩まで……」と介助を実況してみるのです。そうすると、後で記録を書こうとしたときに、「肘が通しにくかったな」「右肩までしっかり通さないと左手を通しにくいな」と思い出しやすくなります。
　　また、細かく伝えられるので、利用者が促されている動作を理解しやすく、利用者がもっている力をいかすことができるようになります。ぜひ実践してみてください。

介助行為の順番ごとに書いていけば具体的な記録になるね。

4 「結果」だけ書けばよい?!

大変じゃ
ありませんよ。

そうだったかしら?

考えてみよう! 介護の過程を書く意味は何かな?

　利用者のCさんは、ふだんから入浴を拒否することが多く、この日もかたくなに入浴を拒んでいました。しかし、介護職のAさんが、入浴介助をすることは大変ではないことを伝えると、「そうだったかしら?　悪いわねぇ」と入浴を承諾してくれました。

拒否はあったけど、最終的に入浴してくれたんだから、そこだけはっきり書けば大丈夫だよね。

ほかの介護職が結果だけ書いてある記録を読んで、次のCさんの介護にいかせるかな?

このときの記録

Cさま

日時	内容
11：00	入浴に誘うが、拒否がある。その後入浴される。

確認しよう！　どこがダメなの？

チェック 1　　入浴した理由がわからない！

　Cさんは、かたくなに入浴を拒否していたものの、最終的に入浴しています。この記録からは、なぜそのような結果になったのかがわかりません。結果を書くだけなら、チェック表で十分です。

チェック 2　　介助の了承を得られたかわからない！

　「介助」は利用者に声かけをする段階からはじまっています。そして、介助内容についての了承を得なければ、介助はできません。しかし、その様子がこの記録からはわかりません。

チェック 3　　拒否された理由がわからない！

　「拒否がある」だけでは、何がダメだったのかがわかりません。理由がわからないと、次にどのように誘ったらよいのかも考えられません。

介助行為のプロセスを書けばいいのかなあ？
どうやって書けばいいのかなあ？

Cさま

日時	内容
11:00	Cさんの朝の体温35.7を、血圧127/78mmHg、心拍数76回/分だったので入浴に誘う。自分の部屋のベッドで横になっているところで声をかけるが「① 私は人の手を借りてまでお風呂に入ろうとは思いません」と断られる。Cさんに「介助は大変じゃありませんよ。この間も一緒に入ったじゃないですか」と伝えると「そうだったかしら。② じゃあ、お願いしていいかしら、いつも悪いね」と言われる。Cさんに聞きながら棚から着替えを準備して、車いすで浴室まで自分で移動し、入浴される。

ポイント 1　利用者の言動の理由を明確にする

　「拒否があったが入浴した」という結果には、拒否した「理由」、結果的に入浴した「理由」が必ずあります。記録にはその理由も書きましょう。このケースでは、利用者の発言がその理由となります。

ポイント 2　介助の前に了承を得たことも書く

　基本として、介助の前には、これから行う介助の内容を伝え、了承を得なければなりません。本人が納得して了承したことは毎回必ず書くようにしましょう。

● 記録は簡潔にし、必要な情報を無駄なく書こう

「簡潔」とは、ただ短く書くことではなく、簡単で無駄がないことをいいます。「必要な情報」は、利用者の状態などに応じて随時変わります。そのため、上司や先輩に聞いて確認することが大切です。また、この本に書かれていることを通して学んでみてください。

● 介助行為の前後の様子も書こう

記録に「拒否がある」と書くだけでは、ほかの介護職には詳細がわかりません。一方で、Cさんとのやりとりを記録に書いておくと、記録を読んだときに「人の手は借りたくない」というCさんの想いが推し量れます。入浴以外の場面でも、Cさんの想いに配慮したかかわりへとつながります。

記録は介助行為の前後も含めて書くようにしましょう。

 「必要な情報」を見分けられるようになるには

最初の頃は、どの情報が必要な情報なのかがわからないと思います。まずは、その場で何でもメモを取ってみましょう。次に、メモをもとに記録を下書きします。そして、上司や先輩に見せてみてください。そうすると、記録に書くべき内容を教えてくれます。

記録の量が少ないと指導もできません。そのため、勝手に「これは必要ない情報だな」と判断するのではなく、まずは「文字にしてみる」「書いてみる」ようにしてみましょう。

5 文章は略語を使ってスッキリさせる?!

…… ／ ご気分は悪くありませんか?

考えてみよう! 略語が多い記録は、よい記録なのかな?

　介護職のBさんは、おやつの時間になったので、居室で横になっている利用者のDさんに声をかけ、起こした後に車いすへの移乗介助を行って食堂に向かいました。

声をかけ、起こして、移乗して、食堂に向かう……。書くことがいっぱいあるね。かっこよく略語とかを使って記録をスッキリさせたいな。

読みやすい記録にするのは大事だけど、略語を使うときは気をつけないといけないよ。

このときの記録

Dさま

日時	内容
15：00	昼食後、居室で仰臥位で過ごされている。おやつの時間になったので呼びに行くも、認知があり、声をかけるが反応はない。ベッド上にて体交し、車いすにトランスする。両足をフットレストに乗せて食堂に向かう。

確認しよう！　どこがダメなの？

チェック 1　「認知」という言葉を使っている！

「認知症がある」ということを「認知がある」と表現することは大きな間違いです。「認知」と「認知症」は違います。

チェック 2　間違った略語を使っている！

身体の位置や姿勢を変更することを「体位変換」といいますが、この記録では「体交」となっています。このままだと、「体交」とは何を指しているかがわかりません。

チェック 3　正式名称を使っていない！

「トランス」だけでは「恍惚」を意味する「trance」にとらえられ、移乗介助の意味をもつ「トランスファー」と混同するおそれがあります。また、「フットレスト」は、車いすの足を乗せるところを指しますが、今では「フットサポート」と呼ぶため、これも間違いです。

Dさま

日時	内容
15:00	昼食後、ベッドにて仰臥位で過ごされている。おやつの時間になったので、② 食堂に行くことを説明するが表情は変わらない。仰臥位になっているので、左側に ③ 体位変換し、足を下ろして端座位になる。「ご気分は悪くありませんか?」と聞くと顔を横に振る。車いすに全介助で移乗する。再度、気分不快がないことを確認する。両足を ③ フットサポートに乗せるのを介助し、食堂に介助にて移動する。

ポイント 1 「認知症」という名称を使う

「認知」は、「認識すること」という意味で、「認知症」とは異なります。「症」の有無により意味が大きく異なります。ベテランの介護職でも「認知」と言う人がいますが、不快感を覚える利用者や家族は多く、大変失礼です。必ず「認知症」という名称を使いましょう。また、これは、ほかの疾患・症状についても同様です。

ポイント 2 起こったことをありのままに書く

反応がないことを認知症の症状だとしてしまわずに、単に反応がないという客観的な情報を書くようにしましょう。

ポイント 3 正式名称を使う

極力、略語ではなく、正式名称を使うようにしましょう。記録の見た目をよくすることより、ほかの介護職や家族が読んだ際にそのときの状況がはっきりわかることを優先させましょう。

● 略語は使わず、正式名称を使おう

　記録に時間をかけず、読みやすいものを簡潔に書きたいと思う人は多いでしょう。

　「略語」は、なんだか記録を見栄えよく専門的に見せられる気がしますが、実は、それが正しい意味で略されていなかったり、誤解を生む表現だったりすることがあります。ほかの介護職や専門用語の知識がない家族が記録を読んでも理解できるように、正式名称で記録することが大切です。

　短時間で読みやすい記録を書くことも重要ですが、それよりも、ほかの人が読んでもそのときの状況がわかるように、正しい言葉で記録を書くことを心がけましょう。

どうしても略語を使いたい場合

　記録の基本は、「誰が読んでもわかること」です。
　もし、記録に限らず職場内で略語を使用したいのであれば、その略語が何を指し示すものなのかを誰でも理解できるように、「略語集」をつくりましょう。家族が読んでも内容が理解できるように、家族や本人から記録の開示を求められた際は、その略語集も一緒に渡すようにしましょう。

情報は正しく伝わってこそ意味があるんだよ。
できる限り正しい言葉を使おう。

6 変化がなければ 「特変なし」と書けばよい?!

タオルケットをかけ直しますね。

変化は
ないかな……

考えてみよう！ 変化がない場合の記録はどう書けばよいのかな？

　利用者のＣさんは、かかとに縦横1cmの褥瘡があるため、横になるときは除圧をしています。除圧しないと皮膚がすぐに赤くなるため、介助をする介護職は注意深く観察をしています。介護職のＡさんは、Ｃさんと同室の利用者の介助を終えた後、Ｃさんのタオルケットが少しずれていたので、それを直す際にかかとの観察も行いましたが、特に変化はありませんでした。

特に変化がないのなら安心だね。「特変なし」と書けばOKかな。

「特変なし」という表現で、ほかの介護職に正確に伝わるかな？

このときの記録

　　　　　　　　　　　　　　　　　　　　　　　　　　Cさま

日時	内容
10：00	タオルケットが少しずれていたので、直す際にかかとを観察する。特変なし。

確認しよう！　どこがダメなの？

チェック 1 　なぜ介助・観察をしたのかわからない！

　この記録では、介助に至ったきっかけが、介護職自身の気づきによるものなのか、またはナースコールで呼ばれたからなのか、大声で叫んで呼ばれたからなのか、たまたま通りがかりに声をかけられたからなのかなど、どうして介助・観察をすることになったのかがわかりません。

チェック 2 　利用者に観察した結果を伝えたのかわからない！

　かかとの状況を観察した結果を利用者に伝えたのかがわかりません。また、伝えたのならそのときの利用者の反応も重要な情報ですが、それについてもこの記録からはわかりません。

チェック 3 　なぜ「特変なし」なのかわからない！

　「特変なし」とは「特に変化がない」ことを意味しますが、介護職は何を根拠にそのように判断したのでしょうか。本当に変化がないと判断してよいのでしょうか。

「変化がない」状況を詳しく書こう

Cさま

日時	内容
10：00	同室者の介助後、① Cさんのタオルケットがずれているのに気づく。タオルケットを直すこととかかとの皮膚の状態を観察することを伝え「いいわよ」と了承を得る。かかとはクッションでのポジショニングにより、布団（ふとん）につくことなく除圧されている。② 褥瘡があった部位の皮膚には発赤（ほっせき）なく、ほかに傷も見られない。③ Cさんにかかとのことを伝えると、「そうなの、よかったわ」と話される。タオルケットを直し、退室する。

ポイント 1　なぜ介助が必要になったのかを書く

　介助にかかわったきっかけの場面を書くことは、ほかの介護職や家族が読んだときにその介助を行った根拠がわかるため、とても重要です。そのため、一文でもどのような場面でかかわったのかについて書くようにしましょう。

ポイント 2　記録者の判断ではなく利用者の状況を書く

　「特変なし」は記録者の判断です。そうではなく、記録を読む人が判断できるように利用者の状況を書きましょう。

ポイント 3　介助の結果を伝えたことを書く

　介助の結果どうなったかを利用者に伝え、そのときの利用者の反応も記録に書きましょう。言葉を発せられない利用者に対しても同様です。

● チームで判断するための材料を提供できる記録を書こう

　褥瘡のように早期発見、早期治療が大事な場合、発見した際の判断を間違え、対処すべきことをしないと、治療を長引かせ、利用者の生活に大きな悪影響をおよぼします。

　記録には自らの主観的な判断ではなく、状況を書きましょう。そもそも、介護職は医療的な判断をしてはいけません。医療的な判断（診断）をすることができるのは医師だけです。

　記録の役割の一つは「チームで判断するための材料を提供すること」です。そのため、ふだんからの観察がとても重要です。介護職は判断ができなくても、その材料となる観察や記録ができることこそ専門職としてすばらしいことなのです。

記録の質を上げる「介助行為の三種の神器」

　筆者が「介助行為の三種の神器」と呼んでいる、介助をする際に必ず行う三つのことがあります。一つ目はあいさつをすること、二つ目はこれから行う介助の説明をして同意を得ること、三つ目は体調の確認をすることです。

　当たり前のことですが、この三つを行うことで、利用者の情報を得る手段が増え、記録の質を高め、量を増やすことができるため、ぜひ実践してみてください。

記録の役割を意識すると、
書くべきことがわかってくるね！

7 毎日同じなのに書く必要ってあるの?!

今日もお変わりなしと……

考えてみよう！ 毎日記録を書く意味は何かな？

　利用者のＣさんは、食事はいつも全量摂取で、トイレの回数も変わりません。排便も定期的にあり、週２回の入浴もできています。レクリエーションにも元気に参加しており、介護職のＡさんは、Ｃさんの記録を書く必要を感じていません。

 毎日同じだと、無理やり書くことをひねり出さないといけないから大変だよね。変化がある利用者さんについての記録だけ書けばいいんじゃないかな。

 「毎日同じ」ってことはあるのかな？　毎日の介護で何をしたかをよく振り返ってみよう。

確認しよう！ どこがダメなの？

チェック 1 細かい変化に気づけていない！

高齢者は体調が変化しやすいものです。

もし変化が少ないと感じたのなら、それは本人の努力はもちろんですが、利用者の些細な変化に気づき、悪い結果にならないよう支えた介護職の努力の結果ではないでしょうか。

そうした細かい変化に気づけていないということは、介護職としての役目を果たせていないということです。

チェック 2 ふだん利用者とかかわらない職種のことを考えていない！

毎日同じだと思っていても、毎日利用者と接しているわけではない医師や看護師はそれがわかりません。記録は、そうした職種がふだんの利用者の様子を知る手段の一つです。

チェック 3 介護をした事実が残らない！

日々のことを記録に書かないことは、「その日は利用者を見ていなかった」と言っているようなものです。何かしら記録をしていなければ、介護をした事実が事実として残りません。

がんばって介護したのに、
その事実が残らないのはいやだなあ。

Cさま

日時	内容
○／● 13：00	食事は ① 1週間前と変わらず、20分で、右手でお箸を使用して摂取されている。② むせ込みも見られない。
○／● 13：00	「トイレ行くよ」と言われたので、トイレまで一緒に移動する。トイレでの立ち上がりは縦手すりを使用して ② ふらつきなく、自立している。ズボンの上げ下ろしは介助が必要で、「終わったよ」と排尿後すぐに呼ばれ、介助する。トイレ動作も自力で可能である。② 尿は、薄い黄色で浮遊物は見られない。

ポイント 1　スピードや頻度などの細かい部分に着目する

全量摂取でも、食べ終えるまでに20分かかるのか60分かかるのかでは、注目すべき点は違います。同じ動作でもスピードや頻度、回数など、細かい部分に着目しましょう。

ポイント 2　医療的な情報に注目して書く

ふらつきの有無や尿の色などは、利用者の健康状態をわかりやすく表すバロメーターです。医療職はふだん目にすることのできない情報であるため、毎日同じであっても、医療的な情報については詳細に書くようにしましょう。

よく観察すると、書くべきことが
たくさんあるってわかるね。

● 記録を書かなければ、何も提供していないことになる

　どれだけ利用者のことを考えていたとしても、他人にはそれがまったくわかりません。介護職は、利用者に介護を提供し、その対価として賃金を得ています。記録とは、利用者にきちんと介護を提供したことを示す証拠となるものでもあるのです。

　そのため、記録していなければやっていない、実施していないと判断されてしまうこともあるので、記録は必ず書きましょう。

● 記録を積み重ねて、根拠ある介護実践につなげよう

　利用者の感情や体調は日々異なり、個人差も大きいため、介護では、これが正解という方法を見つけることはとても難しいです。

　したがって、書き溜めた記録を読み、利用者の行動や感情の傾向を知ることが大切です。「同じ」と思っていても、記録を積み重ねてみると日々変化していることに気づきます。まずは、書き溜めてみましょう。

　そのように情報を集めることで、最適な介護やかかわり方のヒントが見えてきます。それが介護実践の根拠になるのです。

その日の記録だけでは意味がないように思えても、
積み重なった記録を読むことでわかることもあるよ。
日々地道に書いていくことが大切だよ。

記録をすれば報告しなくてよい?!

Eさんは来週お休み……

 考えてみよう! 記録に書くだけで十分かな?

　介護職のBさんは、デイサービスに通うEさんから「来週は用事があってデイサービスをお休みさせてもらうよ」と言われました。上司が不在ですぐに報告できなかったため、すぐに記録に書きました。Bさんは「記録に書いたし、報告はいらないだろう」と考え、上司への報告はしませんでした。

記録は介護職全員が必ず読むものだから、しっかり記録していれば報告しなくても大丈夫だよね。

 本当にそうかな?　記録は上司への報告ツールじゃないはずだよ。

このときの記録

Eさま

日時	内容
13:15	「来週は親戚のお見舞いに行かなきゃいけないから、お休みさせてもらうよ」とのこと。来週はお休みとなる。

確認しよう！　どこがダメなの？

チェック 1　報告をおこたっている！

　上司がいつ記録を読むかはわからないため、情報がすぐに伝わらない可能性があります。

チェック 2　記録と、報告・連絡の違いを理解していない！

　記録は積み重ねることで介護実践の根拠を得るための情報共有ツールです。この場面のように、早く確実に情報を伝達しなければいけない場合には、記録に書くだけでは不十分です。

記録に書くだけの出来事と、報告・連絡もすべき出来事の違いは何かな？

どうすればいいの？　記録に書くだけでなく、報告もしよう

わかりました。

Eさん来週
お休みです。

＿＿＿＿＿ Eさま

日時	内容
○／● 13：15	「来週は親戚のお見舞いに行かなきゃいけないから、お休みさせてもらうよ」とのこと。来週はお休みとなる。 ② 管理者不在のため、報告しておくことを伝える。
○／● 9：00	お休みについて、 ② 管理者に報告し、送迎職員にわかるように表に記載した。

ポイント 1　記録に書くだけでなく、報告もする

　記録がいつ読まれるかはわかりません。記録が多い場合には、読み落とされる可能性もあります。そのため、連絡事項や報告事項は記録に書いておくだけでなく、「報告」「連絡」も徹底しましょう。

ポイント 2　どのように対応したかまで記録に書く

　利用者にどのように対応するか話したことや、その後どのように対応したかまで記録に書くようにしましょう。後からどのように対応したのか確認できるように、ことの顛末（てんまつ）を記録に書くように心がけましょう。

● 記録と報告の目的の違いを理解しよう

　デイサービスに来るか来ないかといったことは、「報告事項」や「連絡事項」といえます。これは記録にも書くべきですが、事務的な連絡事項などは、記録とは別に直接報告する必要があります。記録の一番の目的は、利用者の状態をチームで共有し、次のケアにいかすことです。

　上司や他職種などに確実に、また、すみやかに伝えなければならない業務内容については、「報告」「連絡」を徹底しましょう。

● 人の記憶はあいまい。記録を必ず残そう

　介護現場では、日時や曜日など、間違いやすい数字や言葉が並ぶ情報のやりとりが多いです。そのため、言葉でのやりとりだけでは間違いを生みやすくなります。記録に残しておくことはもちろん、報告もおこたらないようにしましょう。

「確実に」「すみやかに」伝えなければいけないことは、記録に書くだけでは不十分なんだね！

9 伝わっていれば、誤字脱字があっても問題ない?!

時間がもったいないからね……

考えてみよう! 伝わっていればそれでよいのかな?

　介護職のAさんが記録を書いています。書いている途中で誤字脱字があることに気づきましたが、その日はとても忙しかったので、漢字を調べたり直したりする時間がもったいないと感じ、「伝わればいいか」と考え、直すことはしませんでした。

私も漢字は苦手だなあ。でも、大体伝わるんだし、間違えていてもそこまで気にしなくてもいいよね。

記録は利用者さんの家族や市町村の職員も読むんだよ。事情を知らない人が記録を読んだときに、本当に正しく伝わるのかな。

このときの記録

F さま

日時	内容
○／● 14：00	いつも残されるが、今日は昼食を前量摂取される。
○／● 9：20	おむつ交する。排尿あり。

確認しよう！　どこがダメなの？

チェック **1**　**誤字脱字がある！**

　記録は日々の介護行為を証明する正式なものとして取り扱われます。誤字脱字があるなど、間違ったままでよいということはありません。

チェック **2**　**間違いをすぐに訂正していない！**

　Aさんは間違いに気づいていますが、訂正していません。訂正しなければ、その記録を読んだほかの介護職が、「全量」ではなく「前回と同じ量」ととらえて対応してしまうことも考えられます。

チェック **3**　**伝わればよいと思っている！**

　伝わると思っているのは自分だけで、実は伝わっていないということがよくあります。

F さま

日時	内容
	① 全 ○／● 14：45 介護職A
○／● 14：00	いつも残されるが、今日は昼食を前量摂取される。
	① 換 ○／● 14：45 介護職A
○／● 9：20	おむつ交する。排尿あり。

ポイント 1　誤字脱字は直す

　まずは、間違いがないように書くことを心がけましょう。介護で使われる用語には難しいものもあります。今はパソコンで書くことも多いかと思いますが、漢字に変換する際の選び間違いで誤字になることもあるので、十分に注意しましょう。

ポイント 2　職場のルールに沿った訂正の仕方をする

　間違いに気づいたらすぐに直しましょう。また、ほかの介護職の記録の間違いに気づいたら教えるようにしましょう。訂正するルールは各職場で違いますので、勝手な判断はせず、ルールや決めごとを必ず確認しましょう。

ポイント 3　推敲（読み返しチェック）をする

　書いているときには完璧^{かんぺき}だと思っていても、読んでみると思いがけない間違いがあることは多いです。記録を書いたら必ず読み返し、誤字脱字や意味の通らないところがないかを確認しましょう。

● 誤字脱字が信用・信頼にも影響する

　記録は、利用者や家族から開示を求められたら見せなければなりません。そのときに誤字脱字があると、文章が違った意味でとらえられ、誤解を生むことがあります。このような誤解が大きな問題につながることもあるかもしれません。

　記録には日々の介護実践について外部に知らせる役割があります。そういったことも意識して、日々気をつけて記録を書くようにしましょう。

● 気づいたときにすぐに直すか教えるようにしよう

　記録は毎日書くものであり、特に大規模施設では膨大な量になります。そのため、気づいたときに直さないと、間違いは残ったままになります。自分の間違いに気づいたときには「すぐに直す」、ほかの介護職の間違いに気づいたときには「すぐに教える」ようにしましょう。

誤字脱字をなくすことは、読み手への配慮というマナーの観点からも大切だよ。

10 よく聞くけど5W1Hって何?!

行かねぇよ。

うるせぇ〜んだよ。

考えてみよう！ 情報を伝えるときに必要な5W1Hって何かな？

　介護職のAさんは、今朝、食堂でおやつを食べているときに大きな声を出していた利用者のGさんについての記録を書きました。詳しく書いたつもりでしたが、記録を読んだ先輩介護職は怪訝な表情をしています。

詳しく書いているのにどうしていけないのかな？

5W1Hの要素が抜けていると、「結局何が書いてあるのかわからない」という記録になりがちだよ。

このときの記録

Gさま

日時	内容
15：30	大きな声で「うるせぇ〜んだよ。行かねぇよ」と言われる。「どうされたのですか」と聞くと「いいんだよ、知らねぇよ」と言われる。周囲は静かな雰囲気になる。

確認しよう！　どこがダメなの？

チェック 1　いつ起こったことなのかわからない！

　Gさんが大きな声を出したのはいつでしょうか。いつそれが起こったのかは介護をするうえで重要な情報です。朝方なのか昼間なのか深夜なのかでとるべき対応は異なります。

チェック 2　どこで起こったことなのかわからない！

　Gさんはどこで大声を出したのでしょうか。「場所（環境）」はその人に大きな影響を及ぼします。具体的な場所がわからなければ、どうしてそのようなことが起こったのかについてチームで検討できません。

チェック 3　なぜそれが起こったかわからない！

　このようなことが起こった後は、原因を突き止めようとするはずです。そして、原因がわかったのか、わからなかったのか、わかったのなら何が原因だったのかというのは、今後Gさんの介護を続けていくうえで必要な情報です。

どうすればいいの？ 5W1Hを意識して書こう

Gさま

日時	内容
① 15:30	① 15時に、みんなと ② 食堂でおやつを食べていると、突然大きな声で「うるせぇ〜んだよ。行かねえよ」と言われる。「どうされたのですか」と聞くと「いいんだよ、知らねえよ」と言われる。③ 後でCさんに聞くと「なんか腹が張って食べたくないって言われたから、トイレに行ったらと言ったら怒りはじめたのよ」とのこと。排泄表（はいせつひょう）を確認すると ③ 便が4日出ていない。小さな声で、「おなか張ってるんですよね。だまされたと思ってトイレに座ってみましょう」と声をかけると「出なくても知らねえからな」とトイレに行く。便座に座った途端、排便がバナナ2本分あり。その後、食堂に戻ったときはいつものおだやかな表情。おやつもすべて食べてくれた。

ポイント **1**　いつ起こったか（When）を明確に書く

ポイント **2**　どこで起こったか（Where）を明確に書く

ポイント **3**　問題が起こった背景（Why）を明確に書く

5W1Hは、相手に情報を伝えるときのポイントで、これを入れると伝わりやすくなるんだよ。

● ５Ｗ１Ｈを理解しよう

　５Ｗ１Ｈとは①いつ（When）②どこで（Where）③誰が（Who）④何を（What）⑤なぜ（Why）⑥どのように（How）の頭文字を取った言葉です。

①いつ（When）
　日付や時間だけではなく、その場面の前後の状況を書きます。

②どこで（Where）
　「食堂の洗面所の前」のように、どこで起こったことなのかを具体的に書きます。

③誰が（Who）
　「Ａさんが〜と言う」や「〜とＢさんは言う」と書きます。「私が〜と聞くと」と介護職が誰と話したかを書くとわかりやすくなります。

④何を（What）
　何をしたかを書きます。これも具体的に書きます。例えば、「歩いた」ではなく「自ら立ち上がり、歩きはじめた」といった形です。

⑤なぜ（Why）
　「むせ込んでいたため」のように、「〜するため」「〜により」など、事実を受けてなぜそのような対応をしたのかという理由を書きます。

⑥どのように（How）
　どのように対応したのか、その方法を具体的に書きます。例えば、「入浴する」ではなく、「自ら服を脱ぎ、シャワーで頭を洗い、その後タオルでからだを洗って……」と一連の動作がわかるように書きましょう。

「具体的に書く」「そのまま書く」ことが大切なんだね。

Part2 以降にも通じることだからしっかりと理解しないとね！

Part 2

介護についての記録

食事や入浴、
夜間巡回……
書かなければ
いけないことが
多そうだなあ。

どんな
介護場面でも、
いい記録を
書けるように
しよう！

① 食事の記録は、食事量だけ書けばよい?!

考えてみよう! 食事介助の記録で大事なことは何かな?

　利用者のＣさんは、隣(となり)に座っていたＤさんと楽しそうに会話をしながら食事をしていました。この日は主食を少し残してしまったようです。介護職のＡさんは、その様子を記録に書きました。

 よくある食事の場面だよね。楽しそうにしているし、記録に書く必要があるのは摂取量(せっしゅりょう)くらいかな?

 食事は摂取量だけじゃなくて、食べているときの表情や何を食べたかも重要じゃないかな。

このときの記録

Cさま

日時	内容
12:30	昼食を9割ほど摂取される。

確認しよう！　どこがダメなの？

チェック 1　食べはじめる前の様子がわからない！

活動量が多かったか少なかったかによって、食事を残した場合の意味合いが変わります。しかし、この記録からは、利用者が食べはじめる前に、どんなことをしてどんな状態だったかがわかりません。

チェック 2　食べる動作がわからない！

介助ありで食事したのか自力で食事したのか、箸とスプーンのどちらを使用したのか、自助具を使用していたかどうかなど、利用者の食べる動作についてまったくわかりません。

チェック 3　食事にかかった時間がわからない！

食事にかかった時間がわからなければ、提供している食事の量やその形態が適切なのかがわかりません。また、途中で疲れてしまうため、すべて食べきれないなどの体力面の評価もできません。

チェック 4　残した物がわからない！

利用者が残した物の内容によっては、栄養のかたよりを管理栄養士などが調整しないといけません。しかし、摂取量だけを記録に書くと、どのような物を残したのかがわかりません。

Cさま

日時	内容
12：30	① 食堂でDさんと笑顔で会話されながら食事を待っているところに配膳する。② 箸を使用し自力で摂食される。主食9割摂取、おかずは全量摂取。食事開始より終了までは③ 25分程度であった。 ④ 主食を残した理由を聞くと「いつもより多い気がした」との発言あり。体調が悪いわけではないとのこと。

ポイント 1　食事前の様子がわかるように書く

ポイント 2　食事動作がわかるように書く

ポイント 3　食事にどのくらいの時間をかけているかを書く

ポイント 4　残した物と残した理由を書く

残した物を書く

　見逃しがちですが、食事は内容や摂取量だけではなく、「残した食事の内容」を知ることも体調管理の一助となります。また、残した食事の内容から好き嫌いがわかることがあります。「食欲がなく、食事摂取量が少ないときに、好きな物を提供する」といったように活用できます。

● 食事の小さな変化にも気づけるような記録の積み重ねをしよう

　食事量の変化は、継続的な記録を読まなければ知ることができません。また、毎日の食事の様子を知るために記録が重要になります。利用者の食事の様子についてチームで共有するためにも、具体的でわかりやすい記録を心がけましょう。

　おいしい物を食べることを、生きていくなかでの最大の喜びだと考える人も多いです。栄養素を摂取するという視点だけではなく、介護職としてより楽しい食事内容・食事環境を提供できるようにするために、食事の摂取量に加えて、食事前の様子、食べる速さ（時間）や食べ方（方法）なども観察し、日々の記録として積み重ねることが大切です。その記録を読み、ふだんの様子を知ることができれば、利用者の小さな変化に気づけるようになるでしょう。

食事の嗜好には地域性がある

　例えば、「みそ」や「出汁」には、大きな地域性があります。関西出身の利用者のために、みそ汁の出汁を関西風に変えると、みそ汁を毎日残していたのに全量摂取するようになったということもあります。自分のもち合わせている常識だけを当てはめるのではなく、利用者が生活してきた環境に目を向けてみましょう。

考えてみよう! 量の表し方はどうすればよいかな?

　いつも昼食は全量食べている利用者のHさんが、今日はシチューを一口食べて食事をやめてしまいました。声をかけて促しましたが、目を閉じてまったく反応せず、水分も30mlくらいしかとりませんでした。

少ししか食べていないことをしっかり記録しないとね。

「少し」っていうのは、人によって受け取り方が変わる表現じゃないかな?

このときの記録

Hさま

日時	内容
13:00	昼食前、ソファに座っているところで声をかけ、食堂まで誘導する。食事を開始するが、少ししか召し上がらなかった。水分も少ししかとっていない。

確認しよう！　どこがダメなの？

チェック1　何をどの程度食べたかわからない！

食事量が多い人の「少し」と、小食な人の「少し」はまったく違います。人によって受け取り方の違う書き方をしてしまうと、受け取る情報にズレが生じます。

チェック2　水分をどのくらいとったかわからない！

水分に関する「少し」についても同様です。水分摂取量は、脱水やむくみなどの状態、排尿のタイミングなどを考えるための大切な情報です。

チェック3　前後の対応とその反応がわからない！

食事量にふだんとの相違があったのであれば、食事量以外にもいつもと違うことがあるのではないでしょうか。後々記録をもとに今後の利用者の介護を検討する際に、食事前の介護職の対応やその後の反応など、食事にかかわりがあるかもしれないことについて書かれていないと、その検討ができません。

H さま

日時	内容
13:00	① 昼食前、ソファに座っているところで声をかけるも、う なずく程度の反応しか見られない。食堂まで誘導する。自力 で歩けるが、いすやテーブルに手を置きながら歩く状況。食 事を開始するが、シチューを一口食べたところで止まったた め、声をかけるが反応なし。② 摂取量は主食0割、副食1 口、③ 水分30ml。朝食は全量食べていることから、これか らの時間の過ごし方に気を配る必要がある。

ポイント **1**　　食事前の状況（対応や反応）を書く

ポイント **2**　　食事量を数字で、主食とおかず（副食）を分けて書く

ポイント **3**　　摂取した水分量を数字で書く

 各利用者に最適な食事の必要量を把握しよう

　利用者のからだの大きさや日々の活動量（消費カロリー）によって、 食事の必要量は変わります。

　管理栄養士や医師・看護師などに確認し、その人に合った食事量を把 握しておきましょう。例えば、1食に必要なカロリーが450kcalの人に 600kcalの食事を提供してしまったとします。そのとき5割（300kcal） の摂取量だとしたら足りないのは5割ではなく、約3割（150kcal／ 450kcal）です。このように、その人に合った食事量を知ることは、実 際にどのくらい食事を摂取したのかと同等の価値があります。

● 職場で数値化するルールをつくり、見てわかるように しよう

　「少し」「たくさん」などの表現は、読み手によってさまざまな受け取り方ができるあいまいな表現です。

　数値表記について決まった方法はありません。例えば、配膳された量を 10 割として、「〇割」という表現や、「1／2」のような分数で表す方法、食べた量だけ円や四角をぬりつぶすといった方法があります。

　大切なのはどの方法をとるかではなく、事業所内でルールをつくり、数値表記について統一することです。こうすることで、客観的な記録を書くことができます。

コップ一杯の分量を知っておこう

　ふだん自分が使っているコップの容量を知っていますか？　事業所にある自分が提供している飲み物の入ったコップがどれくらいの容量なのかを事前に測り、把握しておきましょう。こうすることで、逐一量らなくても利用者が摂取した水分量が大体わかるようになります。

3 入浴の記録は、
バイタルサインだけでよい?!

考えてみよう! 　入浴介助の記録で大事なことは何かな?

　利用者のDさんの入浴介助を介護職のBさんが行うことになりました。バイタルサインに問題がなかったため、看護師に確認のうえ、入浴は可能と判断し、部屋に行って声をかけ、入浴介助をしました。

　入浴介助で大事なのはバイタルサインだから、それに問題がなかったことだけを書けばいいよね。簡単簡単。

　ちょっと待って。それだけじゃ入浴中の様子がわからないよね。

このときの記録

Dさま

日時	内容
14：00	バイタル問題なく、入浴する。

確認しよう！　どこがダメなの？

チェック 1　入浴前の様子がわからない！

　Dさんは入浴には同意してくれたのでしょうか。睡眠時間は十分で、疲労感もなかったのでしょうか。バイタルサインだけでは、Dさんの入浴に対する想いや入浴前の体調がわかりません。

チェック 2　入浴中の動作や介助量、利用者の様子がわからない！

　浴室は密室に近く、詳細な記録がないと、適切な介助ができているかをほかの人が確認できません。また、介助中にふだんは聞けない利用者の本音を聞けたかもしれませんが、この記録ではそういった情報の共有ができません。

どうすればいいの？ 入浴前後の体調や本人の想いを具体的に書こう

Dさま

日時	内容
14:00	① 体温36.5℃・血圧118／75mmHg・脈拍70回／分。昨夜は ② 9時間の睡眠が確保でき、疲労感も聞かれない。入浴の準備ができたので声をかけると「待っていました。早く入りたい」と話される。顔色は良好、気分不快の訴えもない。脱衣所に歩行で移動され、衣服の着脱は自力で行う。浴室に移動し ③ シャワーチェアに座り洗髪と背部、足先のみ介助するが、その他の洗体はタオルを使用し自力で行う。浴槽に浸かっている際、「 ④ 昔はよく箱根の温泉に行ったんだよ。気持ちよかったな」と言われる。入浴後の気分不快は聞かれない。居室に戻り、スポーツドリンクを200ml飲まれる。

ポイント **1**　バイタルサインは数値を具体的に書く

ポイント **2**　入浴前の様子を具体的に書く

ポイント **3**　入浴時の様子を具体的に書く

ポイント **4**　本人の言葉をそのまま書く

入浴介助だけでもこんなに
書くべきことがあるんだね！

● 入浴介助はふだん目にすることのできない部分を 観察するチャンス

　入浴時には、ふだんは衣服を着ているために目にすることのできないけがや傷、打ち身、皮膚の状態を見る数少ないチャンスだということを理解しておきましょう。

　また、身体面だけでなく、精神面の観察をするチャンスでもあります。ほかの場面では、1人の利用者に複数の介護職が対応しますが、入浴の場面は一対一です（多くても2人）。浴槽に浸かってリラックスすると、利用者から今まで聞いたことのない本音が聞けることもあります。

　こうした情報は、直接介助をした介護職でなければ知ることができません。そのため、入浴介助のような密室の空間で起こった出来事は、ふだんよりいっそう具体的な記録をすることが望まれます。

お風呂ってホッとするから、つい本音を言ってしまうのかも。

利用者さんからのわずかなメッセージを聞き逃さないようにしないとね。

4 トイレ介助の記録は、排泄の有無を書けばよい?!

考えてみよう! 排泄介助の記録で大切なことは何かな?

　介護職のAさんは、利用者のCさんに呼び止められ、排泄の見守り介助を行いました。Cさんはほぼ自立して用をすませ、尿は薄い黄色で浮遊物は見られませんでした。

動作も自立しているし、尿も問題なさそうだから、記録は排尿の有無だけ書けば大丈夫そうだね。

動作にも排泄物にも問題がないと介護職だけで判断していいのかな?

このときの記録

Cさま

日時	内容
10:00	トイレの希望があり、トイレ介助を行う。排尿あり。

確認しよう！　どこがダメなの？

チェック 1　トイレをどのように希望したのかわからない！

トイレに行くことにどのくらいの切迫性（希望の強さ）があったのかを書かないと、尿意の有無やその確実性を知ることができません。

チェック 2　どんな言葉だったのかわからない！

利用者の言葉は、その主観（利用者自身の気持ち）を表すものです。その言葉を書かないと、利用者の個性を知る手がかりを失ってしまいます。

チェック 3　介助中の動作がわからない！

介助中の動作の記録がないと、日々の記録を読み比べたときに、排泄介助にどのような変化があったのかがわかりません。また、排泄介助はほかに見ている人がいないため、介助をした介護職が記録を書かなければ、トイレの中で何が起こったのかについて誰も知ることができなくなってしまいます。

チェック 4　尿や便の性状がわからない！

尿や便の性状（量や色、かたさなど）も利用者の体調を知る重要な情報ですが、この記録には書かれていません。

Cさま

日時	内容
10:00	食堂でⅠさんとお茶を飲んでいたCさんに「①ちょっといいですか。トイレに連れていってもらいたいんだけど」と呼び止められ、②トイレまで車いすで自力で移動するのを左側で見守る。食堂からトイレまで1分程度。②トイレでの立ち上がりやズボンの上げ下ろしは自力で行う。ふらつきはなく、見守る程度で可能。排尿時はドアの外で待ち、排尿後すぐに「①終わったわよ」と呼ばれる。トイレ動作も自力で可能。③尿は薄い黄色で浮遊物は見られない。トイレ後は自力で食堂に戻り、再びⅠさんと一緒にお茶を飲まれる。

ポイント **1** 　利用者の発言をそのまま書く

ポイント **2** 　利用者と介護職の動作を書く

ポイント **3** 　排泄物の色や性状を書く

● 記録の積み重ねで排泄物の変化に気づこう

　利用者のなかには、認知症や障害によって自らの体調不良を伝えられない人がいます。また、伝えられる人でも家族や介護職に対して遠慮があり、うまく話せない人もいます。そのような人の体調を知ることのできる排泄物の情報は、とても重要です。

　しかし、排泄物の性状には個人差があり、どこからが異常であるという絶対的な基準をつくるのは困難です。したがって、小さな変化に気づくためには、日頃から利用者の排泄物の状態を記録して、ふだんの排泄物の状態を知ることが大切です。

ちなみに、排泄介助も密室で
2人きりになりやすいところは
入浴介助と同じだよ。

利用者さんの思わぬ本音が
出てくるかもしれないということだね！

考えてみよう！ 口腔ケアの観察・記録はどうすればよいかな？

　介護職のAさんは、利用者のCさんの食後の歯みがきを手伝いました。声をかけても、少ししか口を開けてくれません。説明し、何とか理解してもらったうえで、左手の指で唇(くちびる)を押し広げて、歯ブラシで歯みがきをしました。介助後、AさんはCさんから「ありがとう」と言われました。

口腔(こうくう)ケアの記録って、いつも何を書けばいいか迷うなあ。

どうしてCさんは口を開けてくれなかったのかな？　それに、本当に歯はきれいになっているかな？　観察ポイントを確認してみよう。

このときの記録

Cさま

日時	内容
13:00	食後、口腔ケアをする。

確認しよう！　どこがダメなの？

チェック 1　口腔ケアの内容がわからない！

　口腔ケアは、うがい・歯みがきのほかにも、さまざまな介助内容があります。それらの介助がどのような方法で行われたかがわからなければ、記録を通して利用者の口腔状態を把握（はあく）することができません。

チェック 2　口腔ケアの観察ポイントがわかっていない！

　単にうがいや歯みがきをしたという点以外に、歯垢（しこう）の除去が適切に行われたか、口腔内細菌が減少するようなアプローチができたかなど、口腔ケアの観察ポイントがわかっていません。

チェック 3　利用者の様子や言葉がわからない！

　Cさんが口を開けないのはどうしてなのでしょうか。それに対して何か語っているのなら、それを記録すれば次のケアにいかせるかもしれません。また、口腔ケア終了後のCさんの様子や、どのような言葉を発したかについてもわかりません。

Cさま

日時	内容
13：00	食後、洗面台にて口腔ケアを実施する。食後の気分を確認すると「 ① おなかはいっぱいだが気分はいい」とのこと。 ② 歯をみがくことに同意をいただき介助をするが、口を開けてくれない。「 ① 歯ブラシが入ると思うと、うまく開くことができない」と言われるので、 ② 唇を上げてもよいかたずねると「 ① お願いします」と言われる。 ② 届く範囲でブラッシングし、 ③ 歯面は綺麗になるが、口腔内の確認ができず。「 ① ありがとう」と言われる。もう終わりにしようとしていたので「うがいだけでもお願いします」と言うと「 ① わかりました」とうがいをした。 ③ 口腔内の確認をし、口腔内に食物残渣はなし。

ポイント **1**　利用者が話したことをそのまま書く

ポイント **2**　口腔ケアの内容を行った順序どおりに書く

ポイント **3**　口腔内の状態を確認するとともに食物残渣の有無も確認し、記録に書く

● 口腔ケアの記録は利用者のQOL（生活の質）を知る手がかり

　口腔ケアでは単にブラッシングをするだけではなく、口腔内の清潔が保たれているかを確認することが大切です。特に、食物残渣は虫歯や窒息の原因になるので必ず確認しましょう。

　口腔ケアがしっかりできていないと、食欲低下につながることもありますし、口臭が悪化すれば、他者との交流の減少にもつながります。このように、口腔内のことが利用者のQOLそのものに直結するのです。そのため、丁寧なケアを行い、ケアの後はしっかりと口腔内を観察する必要があります。それを記録に残し、介護職間で共有することで、利用者のQOLの情報をチームで共有することができるのです。

口腔ケアの観察ポイント

　　口腔内の観察ポイントは、食物残渣の有無以外にも、虫歯はないか、歯ぐきから血や膿は出ていないか、舌や粘膜に炎症はないか、口や舌はスムーズに動かせるかなどがあります。これらは、ふだんから口腔内を観察できる介護職だからこそわかるポイントです。しっかりと観察し、記録に残しましょう。

　口腔ケアは単なる歯みがき介助ではないんだよ。

　口腔内をしっかりと観察して、その様子を記録に書くことが大事なんだね！

6 歩き回る利用者については
「問題行動あり」と書けばよい?!

うるさい！
あっちに行け！

どうしましたか？

考えてみよう！　歩き回る利用者の記録はどうすればよいかな？

　認知症のあるＧさんは、日中は座って静かにテレビを見ていましたが、夕方になると落ち着きなく歩き回り、介護職やほかの利用者に進行方向をじゃまされると大声で怒鳴ったり、壁を蹴ったりしていました。

 こういう利用者さんは困るよね。問題行動があることをしっかりと記録しておかないと！

 利用者さんの「問題行動」って何かな？

このときの記録

Gさま

日時	内容
17：00	日中は比較的落ち着いていたが、夕方には歩き回る問題行動あり。

確認しよう！　どこがダメなの？

チェック 1　あいまいな表現になっている！

「比較的」という言葉は日常でもよく使うものですが、この記録からはいつと比較してなのかがわからず、あいまいな表現になっています。また、「落ち着いていた」は、何を見てそう判断したのでしょうか。この記録を読んだだけではわかりません。

チェック 2　「問題行動」の内容がわからない！

具体的に書かないと、何が「問題行動」だったのかがわかりません。

チェック 3　記録者の主観で「問題行動」と決めつけている！

例えば、歩き回ることはGさんにとって必要な行動だったのかもしれません。単に歩いて移動することは、「問題ない」生活行為です。

Gさま

日時	内容
17:00	食事の後、①自分の部屋でいすに座ってテレビを見たり、ベッドに横になったりして過ごしていた。歩いて廊下に出てきてからは、②「ここはどこだ」「出口はどこだ」「おれは帰るんだ」と、小声で言いながら歩かれていた。「どうしましたか」と声をかけると「③うるさい、あっちに行け」と言われ、表情はいつもと違って眉間にしわが寄っている。廊下のいすに座られたところで声をかけ、「今、ここの施設をご家族も承知で利用しているんですよ」と伝えると落ち着かれ、自分の部屋に戻られる。

ポイント 1　具体的な過ごし方を書く

　どこでどのように過ごしていたのかを具体的に記録しましょう。そうすれば、いつから行動に変化があったのかがわかります。

ポイント 2　起こったことだけを客観的に書く

　「問題」と感じているのは、介護職だけかもしれません。安易に「問題」とせず、状況をなるべくそのまま書くようにしましょう。

ポイント 3　利用者が発した言葉をそのまま書く

　利用者が発する言葉には意味があります。その場にそぐわないような言葉でも、その発した言葉に利用者の想いや考えが出ているのです。そのため、利用者が発した言葉は略さず、そのまま記録するようにしましょう。

● 言葉は利用者のこころを映す

　認知症のある人は、「今、何がしたいのか」「今、どのような気持ちなのか」を言葉ではうまく伝えられないことがあります。そのような利用者の想いに気づくためには、その行動や言葉からヒントを見つけ出すしかありません。このヒントを「こころの欠片」と思い、少しずつ集めていきましょう。

　記録も利用者の言葉をそのままの形で書き、「問題行動」といった行動についても一括りにせず、「小声で歩き回る」といった具体的な行動を、細かくありのままに書きましょう。

● 「問題行動」は、「なぜ？」を止めるストップワード

　認知症のある人で、一見不可解な行動をとっているように思われても、そうした行動をとる背景や理由が必ずあります。介護職はそうした行動の一つひとつをヒントに、「なぜそうなるの？」と考え、対応しなければなりません。

　ほかの介護職などが記録を読んだときに、もし記録に「問題行動」と書かれていれば、「ダメな行動」とだけ理解して、「なぜ、そのような行動をとったのか」とは考えず、「その行動をやめさせるためにどうすべきか」という考えになりやすいです。「問題行動」という言葉は使わないようにしましょう。

7 静かに過ごす利用者の記録は不要?!

考えてみよう! 状態がよくなった場合でも記録に書く必要が
あるのかな?

　いつも、前を通りすぎる介護職や利用者に対し、眉間にしわを寄
せて大きな声で「すいません。すいません。お願いします」と言う
利用者のHさんが今日はやけに静かでした。介護職のBさんは「状
態がよくなったのだから記録をする必要はないだろう」と安心して、
記録に残しませんでした。

 いつもと違って落ち着いていて問題がなさそうだから、記録
に書く必要はないよね。

 いつもと違うのに、本当に記録する必要がないのかな?

このときの記録

Hさま

日時	内容
15:00	日中、食堂のソファで過ごされる。

確認しよう！　どこがダメなの？

チェック 1　介護職の「気づき」が反映されていない！

「いつもと違う」ことに気づけるのは介護職ならではです。その気づきを書かないと、チームで共有したり、今後にいかしたりすることができず、もったいないです。

チェック 2　表情の変化がわからない！

いつもと違う状況があった場合、たとえ何もアクションがなくても書かなければいけません。特に表情は、言葉には表れていない本当の想いを表現している場合があります。

チェック 3　変化の重要性をわかっていない！

記録は悪くなったことだけを書くものではありません。小さな変化だと思っていても、ほかの介護職や他職種からすれば大きな違いかもしれません。

変化に気づいたら、それはどう書けばいいのかなあ？

Hさま

日時	内容
15：00	食堂の前にあるソファに座っている。① いつものように介護職を呼び止めるような声が聞かれない。気になり「どうかされましたか」「ご気分悪くないですか」と声をかけると、「② 今日はね、めったに会えない遠方の孫が会いにきてくれたんだよ。うれしくなっちゃって」と ③ 頰（ほお）をゆるめながら明るい表情で言われる。

ポイント **1** 「いつもと違う」ポイントをはっきり書く

ポイント **2** 利用者の言葉をそのまま書く

ポイント **3** 表情の変化をきちんと書く

表情はこのように表現しよう

・うれしいとき…「頰がゆるむような」
・困ったとき…「困惑した目つきをして」
・怒っているとき…「目を見開くようにして」
・怖がっているとき…「顔色が青ざめてふるえているよう」
・笑顔のとき…「顔をほころばせて」「満面の笑み」
　表情にかかわる表現には、このようにさまざまなものがあります。表現の引き出しを増やして、的確な記録を書けるようにしましょう。

● いつもの様子を最も知るからこそ、わずかな変化も見逃さずに書こう

「いつもと違う」とわかるのは、「いつも」の状態をよく知っているからです。巡回や通いなどでたまにしか利用者を見ることのできない他職種ではこれはわかりません。ふだんの様子を最も知る介護職だからこそ、利用者の小さな「違い」に気づくことができるのです。

今回のケースでは、たまたま「よい」変化の場合でした。もちろんよい変化の場合の気づきはよりよい介護につなげるために、しっかり記録する必要がありますが、これが「悪い」変化の場合であれば、介護職の気づきは利用者の生命や健康をそこなわせないために大変重要なものになります。

いつもの様子を最も知る介護職だからこそ、利用者のわずかな変化を見逃さずに記録に書き、情報を共有するようにしましょう。

また、介護職であっても、毎日利用者と一緒にいることはできません。記録は、そのときいなかった介護職が、そこで何が起こったのかを知る手段の一つです。

より広く深い利用者理解を実現するためにも、ふだんの様子を記録する習慣をつけましょう。

介護職だからこそ気づける変化があるんだね！

それを記録に残せば、介護職がプロフェッショナルであることを示すことができるよ。

8 笑顔の利用者は
「楽しそう」と書けばよい?!

考えてみよう！ 「楽しんでいる」利用者の記録はどう書けば
よいかな？

　毎週火曜日は食堂でカラオケが行われます。利用者のＪさんは歌
わないかと誘われても歌うことはありませんが、ほかの利用者の歌
を聴きながら笑顔で過ごしています。

> 笑顔でとっても楽しそう！「楽しく過ごしていた」と記録
> にしっかり残しておかないとね。

> 笑顔であることは事実だけど、「楽しい」と感じたかは利用
> 者さんにしっかり確認したのかな？

このときの記録

J さま

日時	内容
15：00	食堂で開催したカラオケに参加される（参加者は男性4名・女性8名。希望者を募る形で開催）。歌うことをすすめるが、歌う様子は見られない。ほかの利用者が歌っている最中には楽しそうに過ごされた。

確認しよう！　どこがダメなの？

チェック 1　「楽しそう」と決めつけている！

　「楽しそう」は記録を書いた介護職の主観です。笑顔であったとしても、「楽しそう」という感想は読んだ人がもつべきものです。記録を書く介護職が「楽しそう」と決めつけて書いてはいけません。

チェック 2　歌うことをすすめたときの会話がわからない！

　介護職が歌うことを利用者にどのようにすすめ、どのような言葉を返されたのかがわかりません。

確かに私も、楽しくないけど愛想笑いをしたり、悲しくないけどうそ泣きをすることがあるなあ。

笑顔でいたからといって「楽しい」と感じているとは限らないんだよ。

071

Jさま

日時	内容
15：00	① 食堂で開催したカラオケに参加される（参加者は男性4名・女性8名で希望者を募る形で開催）。② 歌うことをすすめるが、歌う様子は見られない。「歌を聴くのは好きですか」とたずねると「音痴だからね、歌を歌うのは苦手。でもね、歌を聴くとこころが休まるのよ」と言われる。ほかの利用者が歌っている最中には ③ 満面の笑みを浮かべて過ごされた。

ポイント **1** その場の状況を具体的に書く

ポイント **2** 一連のやりとりをそのまま書く

ポイント **3** 介護職の主観ではなく、表情やしぐさなどの客観的事実を書く

このほうが、楽しくおだやかに過ごしている
利用者さんの様子が伝わるね！

● 客観的にみえる主観的事実に気をつけよう

　私たちは、人が笑顔でいると「楽しそう」と思い、しかめっ面であれば「怒っている」と考えがちです。しかし、これらは介護職の主観、もっといえば「感想」です。笑顔であったとしても、「本当はね、やりたくないんだけど、誘われるから仕方ないの」と言われたら、それは楽しそうに見えただけです。

　「楽しそう」以外にも「さびしそう」「悲しそう」といった表現もあいまいで主観的です。書くべきなのはそう思った根拠、つまり、利用者の表情やしぐさなどの客観的な情報です。

利用者の「想い」を知りたければ、聞き出すしかない

　利用者が本当に楽しいのか、悲しいのか、その「想い」を記録に書くためには、利用者とコミュニケーションをとるしかありません。
　利用者に話しかけて、きちんと想いを聞きましょう。そしてそのときの表情や目線、細かな動きから本当の想いを感じ取ってください。

9 レクリエーションは　参加しているのがわかればよい?!

考えてみよう!　いつもの「レク」の記録はどう書けばよいかな?

　利用者のDさんは、いつもレクリエーションに参加しています。小物づくりなどは苦手ですが、活動的なものには自ら率先して参加します。この日は風船バレーで、風船が飛んでくると力いっぱい手を伸ばし、対面の利用者に強く風船を返していました。

レクリエーションは書くことがなくて困るんだよね。介護に関係なさそうだし、いつも同じじゃない?

レクリエーションは利用者さんにとって、ベッドや居室にいるだけではできないことをする機会になっているんだよ。

このときの記録

Dさま

日時	内容
15：00	レクに参加される。

確認しよう！　どこがダメなの？

チェック 1　レクリエーションがどのような内容なのかわからない！

　レクリエーションで何をしたのかがわかると、その後の生活にいかせることがあるかもしれません。流れ作業のようにレクリエーションがあったことだけを書くと、そうした情報をとらえることができません。

チェック 2　参加したときの様子がわからない！

　利用者が何をしたのか、そして、何に対して喜び、何に対していやな思いをしたかなど、生活のなかに利用者の喜びや楽しみを見つける介護職にとってのかかせない情報がわかりません。

チェック 3　参加に対しての想いがわからない！

　利用者にレクリエーションの感想を聞くと、参加中に介護職が感じたこととは違った印象を受ける場合もあります。しかし、この記録には、そうした感想が書かれていません。

Dさま

日時	内容
15:00	食堂にて ① 風船バレーに参加される（参加者は男性2名、女性2名）。お誘いの声をかけると「今日は何やるの」とたずねられたので、「風船バレーです」とこたえると、「じゃあ行くか」と言われる。② 参加中は夢中になられている様子で、積極的に風船を向かい合うCさんに打ち返されている。終了後に ③ 感想を聞くと「負けず嫌いだから競い合うとがんばっちゃうんだよな」と言われる。

ポイント **1** 　レクリエーションの内容を書く

ポイント **2** 　参加しているときの表情や行動を書く

ポイント **3** 　参加した後の利用者の感想を書く

 レクリエーションの感想を聞く

　忘れがちですが、レクリエーションが終わったら感想を聞いてみましょう。次回のレクリエーションプログラムの改善点を検討する際の材料となるだけでなく、利用者の思わぬ本音を聞くことができるかもしれません。この「本音」は時間の経過とともに奥に隠れてしまいますので、レクリエーションが終わったときにさりげなく感想を聞いてみると、介護にいかせる貴重な情報が手に入るかもしれません。

● レクリエーションならではの貴重な情報を収集しよう

　レクリエーションは利用者にとって、日常生活と少し切り離された空間で人と会う、大きな出来事です。

　そこにはからだを動かしたり、他者と交流したり、複雑な論理を考えたり、ふだん利用者が行わないことが詰まっており、そこから得られる介護の情報も貴重なものが多いです。また、必要最低限の行為以外の活動をすることは、生活のなかで楽しみにつながりやすく、生きがいになり得るのです。

　そのため、レクリエーション中は利用者の表情や行動などを注意深く観察するとともに、本人の感想を収集し、記録に残しましょう。そうすることで、次のケアにいかせる情報を積み重ねることができます。

レクリエーションは単にからだを動かす
時間ではなかったんだね。

利用者さんのふだんは見られない姿を
見ることができるから、しっかり観察して
記録に残そう！

10 夜間の出来事は、朝に一度に書けばよい?!

考えてみよう! 忙しい夜間の出来事の記録はどう書けばよいかな?

　介護職のBさんは、この日は夜勤でした。利用者のGさんからの呼び出しが多い日でしたので、そのつど記録を書く時間がなく、朝、落ち着いたところで書きました。

あるある。夜勤は意外と忙しいんだよね。でもナースコールがあっただけだし、そのことを後でしっかり書けば大丈夫だよね。

どうしてそんなにナースコールの呼び出しがあったのかな?
Gさんはちゃんと眠れていたのかな?

このときの記録

Gさま

日時	内容
7:00	夜間、3回ほどナースコールで呼ばれる。

確認しよう！　どこがダメなの？

チェック **1**　朝に一度に記録をしている！

　朝に一度に記録を書くと、細かいところまで覚えていないため、夜間の出来事を具体的に書くことができません。これでは夜間の様子を日中勤務の介護職に引き継げません。

チェック **2**　睡眠状況がわからない！

　夜間帯で重要なのは、睡眠状況です。どの程度の時間眠っていたのかがわからなければ、次の日の活動量にどう影響するかも考えることができません。

チェック **3**　夜間の記録の重要性を理解していない！

　夜間の過ごし方は、日中の過ごし方に影響を及ぼします。しかし、この記録では日中に何かあっても、日中勤務の介護職は原因を突き止められません。

どうすればいいの？ 睡眠状況やコールの理由を詳しく書こう

Gさま

日時	内容
③ 1:00	コールがあり訪室。「① 毛布がずれてしまった。かけ直してほしい」とのこと。首元から足先まで毛布をかけ、「大丈夫ですか」と聞くと「ありがとう」と返答される。
③ 2:30	コールがあり訪室。「① 喉が渇いた。水が飲みたい」とのこと。ベッド上で端座位になってもらい、水を飲んでもらう。100mlほど飲まれる。
③ 3:00	巡回すると、② 寝息をたてて眠られている。
③ 4:00	コールがあり訪室。「① 何だか眠れない」とのこと。理由をたずねると「① 何かあると不安だから」と言われ、「何かあれば私が来ますよ」と伝えると「じゃあ安心だね」と言い ② 目を閉じられる。

ポイント **1** どのような理由で呼んだのかがわかるように、利用者の言葉をそのまま書く

ポイント **2** 睡眠状況を具体的に書く

ポイント **3** 記録は出来事があるたびにこまめに書く

すぐに記録できないときは
メモを取るようにしよう！

● 日中勤務の介護職に引き継ぐために、夜間帯の記録は重要

　夜間は人が少なく、そのときにどのような介護が行われたかを知るすべは少なくなります。夜間の記録の情報が日中の介護に重要なのはもちろん、夜間に何かトラブルがあったときに介護職がどう対応したのかの証拠にもなります。

　また、夜間は「利用者が寝ているだけ」だから書くことがないと思われがちですが、その睡眠状況こそが日中の利用者の様子を大きく左右するため、巡回時には睡眠状況をしっかり観察し、ナースコールなどで呼ばれた際には、そのときの状況と呼ばれた理由をしっかりと聞き取って記録に書くようにしましょう。

記録の積み重ねで夜間の忙しさに対応する

　朝方など、介助量が多い時間帯はある程度予測ができますが、夜間は人員も少なく、予期しない介助が重なり、忙しくなります。

　しかし、記録を適切に書き、情報を積み重ねることで、夜間に起こることの大体の傾向をつかむことができ、利用者に呼ばれる前に先回りができるようになります。

　こうすることで、忙しい時間の分散をどのようにするかを考えることができるため、夜間の介護のポイントとして押さえておきましょう。

11 利用者に変化があっても、
すぐによくなれば記録しない?!

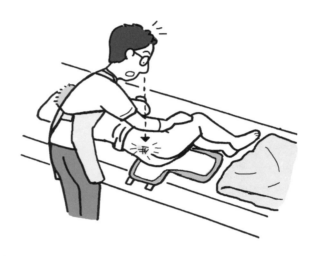

考えてみよう! ちょっとした変化があったときの記録は
どうするのかな？

　介護職のBさんは、夜勤中に利用者のDさんのおむつ交換をして
いるときに、Dさんの殿部の皮膚が赤くなっていることに気づきま
した。そのため、BさんはDさんの体位変換をしました。次におむ
つ交換をしたときには発赤はなくなっていたので、記録には書きま
せんでした。

 すぐによくなっているんだから、記録に書く必要はないよ
ね。

 発赤は褥瘡の前ぶれで、放置すると大変なことになるよ。結
果的に問題がなかったからといって、そんな重大な前ぶれを
記録しなくていいのかな？

このときの記録

Dさま

日時	内容
○／● 23：00	おむつ交換する。排尿あり。
○／● 4：00	おむつ交換する。排尿あり。

確認しよう！　どこがダメなの？

チェック 1　発赤のことが書かれていない！

せっかく殿部の発赤に気がついても、それを記録として残さなければ、何も気がつかなかったことに等しくなります。

チェック 2　褥瘡の危険性を理解していない！

褥瘡は利用者の人生に重大な影響をおよぼすため、介護職が最も気をつけなければいけないことの一つです。一度赤みが消失しても、褥瘡のリスクは高いままです。記録に書かないと、褥瘡予防に重要な初期対応が遅れてしまいます。

褥瘡の観察ポイントはどこかな？

<u>Dさま</u>

日時	内容
○／● 23：00	おむつ交換時、殿部を確認し、① 仙骨部（せんこつぶ）に2×3cm程度の発赤を発見する。本人に確認するも「痛くない」との発言があるが、仰臥位（ぎょうがい）で臥床（がしょう）していることが多いようなので、おむつ交換後（パッド内に排尿あり）、② 左側臥位（ひだりそくがい）になってもらうよう介助する。体位を保つためのクッションにプラスし、膝関節外側部（しつかんせつがいそくぶ）、内外果部にも除圧のためのクッションを入れる。
○／● 4：00	おむつ交換する。排尿あり。仙骨部を確認すると、発赤はなくなっていた。

ポイント **1**　小さな変化でもまずは書く

ポイント **2**　介助した内容を具体的に書く

 おむつ交換は、お尻の皮膚の状態を確認するチャンス

　日常生活のなかで皮膚の状態を確認する機会は限られています。特に殿部や陰部は利用者の心理的な抵抗もあり、その機会はより少なくなります。おむつ交換は、皮膚の状態を確認できるチャンスであるため、利用者に配慮（はいりょ）しながらしっかり行いましょう。

● 気づいていたのに悪化させてしまったときのことを 考えてみよう

　褥瘡は治りにくいため、最も重要なのは予防と早期発見です。今回のケースのように、皮膚に発赤がある段階で発見することは非常に大切です。記録にもしっかり残し、ほかの介護職と共有できるようにしましょう。もし、自分が皮膚の発赤に気がついていたのに記録に残さなかったことが原因の一つとなり、褥瘡を悪化させてしまった場合、それは悔やんでも悔やみきれないでしょう。

　気がつくことができたのであれば、もう一歩前進して、その気づきをほかの介護職にも共有できるよう、記録を活用してください。

 褥瘡の観察のポイントと記録の留意点

・骨突出があるところ
　仙骨部、尾骨部、座骨結節部、大転子部、腸骨部　など
・関節拘縮部や円背部
・体圧がかたよっているところ
・皮膚が湿潤している（常に湿っている）ところ
・ずれや摩擦が起きているところ
　ベッドや車いすで自ら動くことの少ない利用者は褥瘡発生のリスクが高いため、これらの部分を注意深く観察し、皮膚に変化がある場合は対処をする必要があります。変化がなくても、少しでも懸念がある場合は、記録にしっかりと書いて情報を共有し、必要があれば上司や看護師などに相談しましょう。

夜間に何度もトイレに行く利用者については「トイレ頻回」と書けばよい?!

考えてみよう！　トイレの回数の多い利用者の記録の書き方は？

　利用者のKさんは、夜間に6回ほどトイレのために起きて、夜勤をしていた介護職のAさんを呼びました。

トイレが頻回であること以外に書くことがないんじゃないかな？

「トイレ頻回」はよく使う言葉だけど、それだと何回トイレに行ったのかがわからないよ。

このときの記録

Kさま

日時	内容
7:00	夜間帯はトイレが頻回だった。

確認しよう！　どこがダメなの？

チェック 1　回数がわからない！

「頻回」とは何回でしょうか。この表現では、実際に何回トイレに行ったのかがわかりません。トイレの回数は、利用者の健康状態と睡眠の質がどれくらい保たれているかを判断する材料になります。

チェック 2　いつ起こったのかわからない！

トイレの要望はいつ起こったのでしょうか。ベッドに入ってすぐか、明け方か、それとも夜間ずっとなのかによって睡眠の質は変わりますし、とるべき対応も違います。

チェック 3　排泄の状況がわからない！

「トイレに行った」＝「排尿・排便があった」ということではありません。特にトイレが頻回な人は、排尿があったとしても、ごく少量の可能性もあります。尿意や便意の有無だけでなく、排泄物の状況もわからないと、どのような原因があるのか判断できません。

トイレに行くたびに状況を詳しく書く

Kさま

日時	内容
③ 0:00	ナースコールがありトイレに行かれる。① 排尿なし。歩行時の ② ふらつき見られない。
③ 0:45	ナースコールがありトイレに行かれる。① 排尿あり。歩行時 ② 左右へのふらつき見られる。
③ 1:30	ナースコールがありトイレに行かれる。① 排尿なし。声をかけるも ② 返答があいまいでボーっとしているような印象を受ける。
③ 2:20	ナースコールがありトイレに行かれる。① 排尿あり。② 先ほどより意識がはっきりしている。
③ 3:50	ナースコールがありトイレに行かれる。① 排尿・排便あり。歩行時の ② ふらつきなく、意識もはっきりしている。
③ 4:45	ナースコールがありトイレに行かれる。① 排尿あり。歩行時の ② ふらつき見られない。
③ 6:00	前回のトイレ後より入眠され、② 体動なく眠られているように見える。

ポイント **1** 排尿や排便があったのかを書く

ポイント **2** 居室からトイレに行くときの表情や様子がわかるように書く

ポイント **3** トイレに行くたびに記録する

● 使いたくなってしまうあいまいな言葉はぐっと
　我慢しよう

　下のコラムでも書きましたが、「頻尿」はトイレの回数が2回でも当てはまる場合があります。「頻回」も人によっては回数の受け取り方が違う表現です。ただ単に「トイレ頻回」と書くよりも、トイレのたびに詳しい状況を書いておくと、事情を知らないほかの介護職が記録を読んだときにも、夜間の様子がかなりリアルに伝わります。

　まして人が少ない夜間には、より具体的な記録が求められます。自分が「そこまで書かなくても」と思うことであっても、書き残しておくことは非常に重要です。

夜間頻尿ってどんな状況？

　夜間頻尿とは、夜間帯に1回以上排尿のためにトイレに行き、それに愁訴が伴うことです。愁訴とは嘆き訴えることであり、要するに、何度もトイレに行くことが苦痛であるという認識を利用者がもっているということです。また、もしその認識がなくても、十分な休息が得られない、トイレが気になって眠れないという場合には、何らかの対応が必要です。

　いずれにしても夜間のトイレの回数が2回でも頻尿といえる場合もあるため、「頻尿」「頻回」といったあいまいな表現はひかえましょう。

「頻回」や「頻尿」という決まった言葉でも
受け取り方はいろいろあるんだね。

089

13 興奮状態が続く利用者についての記録の書き方がわからない……

おーい！　誰かいないか！

考えてみよう！　興奮している利用者についての記録の書き方は？

　介護職のＡさんは、いつも「おーい！　誰かいないか！」と興奮して大きな声を出す利用者のＧさんの記録について、「興奮状態が続く」以外にどう書けばよいか困っています。

「興奮状態が続く」としか書けないよね。「うるさい」と書くわけにはいかないし……

単に「興奮」とせず、もっと具体的に考えてみるといいんじゃないかな？

このときの記録

Gさま

日時	内容
10:00	今日も大声をあげて人を呼び、興奮状態が続く。

確認しよう！　どこがダメなの？

チェック 1　声をあげている状況がわからない！

「興奮状態が続く」とだけ書くと、状況を知らない人は騒ぎ続けているのか動き回っているのか、状況を読み取ることができません。人によって受け取り方が違うと、記録を読んだ後の対応も変わってしまいます。

チェック 2　利用者が言っている内容がわからない！

「大声をあげて」何を主張しているのでしょうか。からだに痛みがあるのか、周りにいる人に対して不満があるのか、内容によっては介護職が解決できるものもあるかもしれません。

チェック 3　落ち着いているときがあるのかわからない！

24時間大声を出しているわけではないはずです。大声を出す前後はどうだったのでしょうか。大声を出したときの状況だけしか書いていなければ、解決策が見つからないかもしれません。

Gさま

日時	内容
10：00	ベッド上で ① ② 「おーい！　誰かいないか！」と事務室にまで届くくらいの大きな声を出される。「どうしましたか。私が聞きますよ」と声をかけるも ① 目が合わず、声が聞こえていない様子。 目があったタイミングで「私がいますよ」と ③ 声をかけると表情がやわらかくなる（先ほどまではこわばっていた）。「どうしたんですか」とたずねると、③ 「用はないんだけど、何だか不安で」と言われる。「いつでも近くにいますよ」と伝えると ③ 「それなら安心だ」と言われ、笑顔が見られる。

ポイント 1　具体的な「興奮」の内容を書く

ポイント 2　大声で何を叫んでいるかを書く

ポイント 3　興奮状態の前後を書く

なぜ声をあげているのか聞いてみよう

　大きな声を出しているということは、話すことができるということでもあります。精神的に落ち着いて話せる状態になったと感じたら、利用者の想いを聞いてみましょう。もしかしたら介護職のアセスメントとはまったく違う本音が聞けるかもしれません。

● 「大変な人」というレッテルを貼らないようにしよう

　介護職は利用者に対し、先入観をもたないようにしましょう。目の前にいる人がどのようなことを思い、何を求めているのかを考えるのに、「この人の言っていることはあてにならない」「この人の対応は時間がかかって大変だ」「私が何を言っても理解してくれない」といった先入観は、思考のじゃまになるだけです。

　先入観をもたないというのは、事前に情報の確認をしないということではありません。適切なケアを継続していくためには、情報を積み重ねることが必要となります。重要なのは、情報を客観的にまとめて整理し、プラスやマイナスの印象をもたないことです。そのためにも、客観的な情報を記録として残すことは重要です。

大きな声を出す原因をチームで
検討できるように、そのときの詳細で
客観的な記録が求められるんだよ。

14 問題なく寝ていれば記録は必要ない?!

考えてみよう! 静かに寝ていればそれでよいのかな?

　いつも布団(ふとん)をはずしたり、ズボンを脱いだりしていて動きを止めず、なかなか眠りにつかないＬさんが、今日は日中活動的にしていたからか、食後すぐにベッドに入り、20時頃(ごろ)からいびきをかいて眠ってしまいました。介護職のＢさんは、Ｌさんが問題なく寝ていたため、記録に書きませんでした。

日中たくさん動いて疲れたのかな。よく眠れてよかったね。この日は問題ないから記録はいらないかな?

いつも眠らない利用者さんが今日は眠ったというのは、今後の介護にいかせる情報じゃないかな?

確認しよう！　どこがダメなの？

チェック **1**　「変化」の重要性に気づいていない！

　いつもなかなか寝つけないLさんが、この日のようにいびきをかいて寝ていることは、「変化」があったということです。この変化をいかせば、Lさんの睡眠の質の向上につなげられるかもしれません。

チェック **2**　ほかの介護職が情報をいかせない！

　記録に書かなければ、何時くらいにいびきをかきはじめたのかもわかりません。これではほかの介護職が次のLさんのケアにいかすことができません。

Ｌさま

日時	内容
14:00	① 散歩に出かけ、○○公園で２時間ほど過ごす。終始笑顔で過ごされる。
18:00	夕食は全量を自力で摂取され、声を出すこともなく落ち着いている。食事時間は30分ほど。
	（中略）
20:30	食後すぐ、② ③ 19時にはベッドに入り、20時頃よりいびきをかいている。

ポイント **1**　日中の状況もわかるように書く

ポイント **2**　「変化」を意識的に書く

ポイント **3**　何時から寝ているのかわかるように書く

これなら、いつもの眠りにつかない
様子が書かれた記録と見比べるだけで
いつもとの違いがわかるね。

● 「変化」の前後まで記録し、次のケアにいかそう

　「寝ている」というのは、行動を伴わないため、特に意識していないと書くことを忘れてしまうかもしれません。しかし、いつもとは異なる時間に「寝ている」という状態になった理由があるはずです。利用者一人ひとりを観察し、その違いに意識を向け、記録を書きましょう。また、その際は、もともとの生活リズムがわかるように、時間を必ず書きましょう。

 「昼夜逆転」は「問題」なのか

　日中寝てしまうことは、本当に問題なのでしょうか。「食事が提供できない」「入浴ができない」などが考えられますが、それは介護職側の問題ではないでしょうか。例えば、朝方まで営業している居酒屋を経営している人であれば、昼間は寝る時間で、夕方から夜は活動する時間だということがあると思います。
　施設などではある程度集団行動が必要かもしれませんが、個別介護を考えるうえで個々の生活リズムを尊重するのであれば、「昼夜逆転」という言葉を簡単に使うべきではないかもしれません。

利用者さんに近い介護職だからこそ
ほかの専門職では気がつけない、
生活上の小さな変化がわかるよ。

見逃さず、しっかりと記録に
残さないといけないね！

15 問題なく寝ていれば 「良眠」と書けばよい?!

よく眠れているな……

考えてみよう！ その利用者は本当に「よく」「眠って」いるのかな？

　利用者のCさんは、今日もいびきをかくことなく、20時頃から7時前までよく眠っていました。介護職のAさんはその様子を見て安心し、記録に「良眠」と書きました。

気持ちよく眠っているんだし、Aさんの書き方以外に何かあるかな？

Cさんが本当に眠れたか確認したうえで書いているのかな？本当に「よく眠れていた」のかは聞いてみないとわからないんじゃないかな？

このときの記録

Cさま

日時	内容
7:00	朝まで良眠。

確認しよう！　どこがダメなの？

チェック 1　勝手に「良眠」と判断している！

　子どもの頃「早く寝なさい」と言われて、目をつむって寝たふり
をしたことはありませんか？　「目をつむる」のと「眠っている」
のは違います。本当は眠れていないのに眠っていると判断すると、
利用者の睡眠の量や質を誤って評価することになってしまいます。

チェック 2　睡眠時間がわからない！

　何時頃から入眠して、何時頃起きたのかを書いてないため、睡眠
時間がわかりません。睡眠時間を把握することは利用者の体調を知
るために大切です。

チェック 3　眠りの質がわからない！

　眠りの質は、本人にしかわかりません。それを知るには質問をし
て、本人に聞くしかありません。

眠っているように見えて「目をつむっているだけ」
という状況もあるんだね！　気をつけないと！

099

Cさま

日時	内容
○／● 23：00	① 19時頃、パジャマに着替えて、ベッドに横になっていただく。20時頃に同室者の介助で訪室すると、② いびきをかくことなく目をつむられ、からだは動かない。その2〜3時間後に、巡回時に訪室すると、② 寝返りをうたれ体位は変わるものの、目はつむられている。
○／● 8：00	朝食前の ① 7時前に起き上がりの介助をし、パジャマから日中着に着替える。③ 「昨日はよく眠れましたか」と聞くと「よく眠れたよ。もうすっきり」と言われる。

ポイント 1 寝ているときを時刻で示して書く

ポイント 2 寝ているときの状況を客観的に書く

ポイント 3 よく眠れたのか聞いて、そのままの言葉で書く

 日中に居眠りがないか確認する

　利用者の言葉を聞くだけでなく、日中に居眠りがないかも観察しましょう。
　例えば「いつもよく眠っているわよ」とこたえても、日中に居眠りをしているのであれば、睡眠の質が悪かったり、本当は十分に眠れていなかったりするかもしれません。なかには介護職に気をつかって「眠れている」とこたえる人や、薬が処方されるのをいやがって「眠っている」とこたえる人もいます。日中の居眠りがないかの確認も睡眠の質を知るためには必要なことです。

● 「良眠」「安眠」という言葉を安易に使わないように しよう

　人は年齢を重ねるごとに連続して眠る時間は短くなっていきます。そのため、高齢者は長い時間眠ることが難しくなります。

　「良眠」「安眠」という言葉は夜間帯の記録で使いやすい言葉ですが、睡眠の状況や質は、個人の感じ方でしかありません。見た目には眠っていたから「良眠」と思っても、実際に聞いてみると「ちょこちょこ起きていた」と言われることもあります。ずっと観察していればもしかしたらわかるかもしれませんが、夜間帯にそのような余裕はないと思います。安易に「良眠」「安眠」などの言葉は使わないようにしましょう。

「睡眠時無呼吸症候群」に注意しよう

　　睡眠時無呼吸症候群は、睡眠中に一時的に呼吸が停止する状態をいいます。睡眠中に起こるため、介護職の気づきが大切です。
（観察のポイント）
・寝ているとき…大きないびきをかく、いびきが止まり深い呼吸の後にいびきが続く、呼吸が乱れる・止まる、むせる、何度も目が覚める、寝汗をかく　など
・起きたとき…頭痛がある、口が渇く、熟睡感がなくスッキリしない　など
・日中…強い眠気やだるさがある、集中力の低下がみられる　など

私もよくわからないんだけど、こうなっちゃった……

どうされたんですか?

考えてみよう! 「おむついじり」「脱衣行為」ってどんな意味かな?

夜間、介護職のBさんが利用者のGさんの居室に行くと、Gさんは上半身裸になり、ズボンも脱いでおむつを触っていました。Bさんが「どうされたんですか」と聞くと、Gさんは「私もよくわからないんだけど、こうなっちゃった」と目線が定まらず、強い口調でこたえました。

おむついじりに脱衣行為かあ。どうすればいいのかな?

つぼみちゃん、「おむついじり」や「脱衣行為」って何のことかな?

このときの記録

Gさま

日時	内容
21:00	訪室すると、ベッド上でおむついじり、脱衣行為あり。

確認しよう！　どこがダメなの？

チェック 1　「おむついじり」と書いている！

「おむついじり」とは、軽くおむつを触ったということでしょうか。おむつがどのようになっていることを表すのでしょうか。「おむついじり」と書くだけでは、具体的にどのような状況なのかがわかりません。

チェック 2　「脱衣行為」と書いている！

「脱衣行為」と書くだけでは、脱いだ衣服がシャツなのか、ズボンなのかがわかりません。また、片腕だけ脱いだのか、片足だけ脱いだのかなど、どのように「脱衣」したのかもわかりません。

チェック 3　利用者の想いや考え、様子がわからない！

普通はしないようなことをしたのですから、利用者の想いや考えを知りたいところです。しかし、この記録では、利用者がどのような様子だったか、利用者が発した言葉や行動、表情がどうだったかについて、まったくわかりません。

どうすればいいの？ どんな行為か、具体的に書こう

Gさま

日時	内容
19：00	ベッドに入り、横になり目をつむる。
21：00	訪室すると ① シャツを脱ぎ上半身裸でいる。ズボンも右足は脱ぎ、左足は足首のところまで脱いでいる。「どうされたんですか」と声をかけると、「 ② 私もよくわからないんだけど、こうなっちゃった」と言いながら、 ③ おむつを止めている右側のテープをはずしている。目線は定まらず、口調も強い。「少し確認させていただいていいですか」と声をかけるとうなずかれる。おむつ内を確認すると、尿とりパッドに排尿のあとがある。

ポイント 1 脱衣行為の内容を具体的に書く

ポイント 2 利用者の言葉をそのまま書く

ポイント 3 おむつをどう触ったのか、具体的な状況を書く

● 後始末の介護ではなく、先を読む介護をしよう

　この利用者は、何か不快なことがあり、その原因を探そうとチャレンジした結果、おむつ内が気になり、触っていたのではないでしょうか。シャツやズボンを脱いでしまったのも、ただ脱いだわけではなく、脱ぐに至った理由があるのです。

　認知症などによって、利用者本人では不快感の理由がわからないことがあります。利用者はその原因を探すために、このケースのようにさまざまなものを脱いだりはずしたりし、消去法で見つけようとすることがあります。利用者はチャレンジをしてみたとも考えられます。これをチャレンジング行動と呼びます。

　これを頭ごなしにダメなこととしてしまっては、利用者の行動する意欲さえも奪（うば）ってしまいます。介護職は、希望や意欲を奪うのが仕事ではありません。「どのようなことが必要になるのか」「こんなことに不自由さを感じるのではないか」と少し先を読みながら手を差し伸べることが求められます。

　こうしたプロセスを無視し、単に「おむついじり」「脱衣行為」としてしまうと、場当たり的に対応するだけの「後始末の介護」から抜け出せません。そうではなく、記録を積み重ね、利用者の行動とその原因を個別に分析し、次に不快な思いをさせないための「先を読む介護」をしましょう。

「異常」に見える行為も、それをしてしまう
動機や原因があるんだね！

表面的な「異常性」にとらわれずに
冷静にその動機や原因を考えて対応し、
くり返さないよう記録に書こう。

しっかりと
利用者さんを
観察することが
大事なんだね！

観察をして
小さな変化を
見逃さずに
記録に書くことが
介護職の
役割の一つだよ。

Part **3**

利用者との
やりとりの記録

利用者さんとの
会話についての
記録の書き方を
学ぼう。

失礼な記録に
しないよう
気をつけなきゃ！

1 利用者の言葉は わかりやすく要約して書けばよい?!

考えてみよう！　利用者の言葉はどのように書けばよいのかな？

　介護職のＢさんが利用者のＤさんの就寝介助をしているときに、Ｄさんは「ぼく、お風呂は朝じゃなくて、午後からのほうがありがたいんだよね」とＢさんに話し、その理由についても話してくれました。Ｂさんは、わかりやすくしようとＤさんの言葉を要約して記録に書きました。

記録はスッキリさせたいし、わかりやすく要約して書くのはいいことなんじゃないかな。

わかりやすく書くことは大事だけど、介護職が利用者さんの言葉をまとめてしまうと、利用者さんがせっかく話してくれた想いを書き表せないんじゃないかな？

このときの記録

Dさま

日時	内容
22:00	就寝介助中、「お風呂の時間を変更してもらいたい」と希望ありあり。検討してみますと返答する。

確認しよう！　　どこがダメなの？

チェック 1　　利用者の希望の理由がわからない！

利用者の話した言葉が話したとおりに書かれていません。これでは、どうしてそのように希望するのか、どの程度希望しているのかなどがわからず、チームで対応を検討できません。

チェック 2　　利用者の状況がわからない！

元気に大きな声で話したのか、小さな声でそっと話したのかでは、利用者がどのくらい伝えたいと思っているかは異なるでしょう。そのため、そうした声の大きさなどについて書かれていないと、記録を読んだ介護職は「こんな感じで話したんだろう」と勝手な解釈をしてしまい、適切な対応ができません。

チェック 3　　勝手に重要なポイントを判断している！

「要約」は、「この話のなかではこれとこれが大事だと思う」という介護職の主観的な判断でなされています。これが間違っていれば、利用者が伝えようとした想いは読み取れなくなります。

どうすればいいの？ 利用者の言葉・表情を書き、「想い」が
わかるようにしよう

Dさま

日時	内容
22：00	21時に就寝介助をしていると「① あのね、ぼく、お風呂は朝じゃなくて、午後からのほうがありがたいんだよね、朝だと朝食終わってすぐでしょ。なんか職員さんもばたばた準備して、入っていてもゆっくりできなくて、できたら2時くらいのゆっくりした時間に入りたいと思っているんだ。でもわがままみたいでなかなか話せなくて」と ② 遠くを見つめながら話される。声はどんどん小さくなっていった。

ポイント 1 できるだけ話してもらった言葉をそのまま書く

ポイント 2 どのように話をしたのか状況もわかるように書く

ポイント 3 介護職の判断でまとめない

情報の伝達は言語コミュニケーションより
非言語コミュニケーションのほうが多いとされているよ。
だからこそ、表情などの利用者さんの
言葉以外の状況もそのまま書くようにしよう。

● 言葉に出る利用者の性格や想いを感じ取ろう

　言葉の端々には、その人の特徴や人柄が出ます。同じような言葉を使ったとしても、「お風呂は2時に入りたいの」と「できたら、2時にお風呂に入りたいの」では、後者のほうが相手に対して配慮しているように感じられます。このように、たった一言の違いで印象が変わります。だからこそ、相手が話してくれたことには最大限の注意を向けて、なるべくそのまま書くようにしましょう。

● 速く書くことではなく、伝わる記録を書くことを意識しよう

　記録に書く文章は、ポイントを要約して、格好よく速く書くことが求められているわけではありません。利用者についてより具体的に想像できること、そして、読んだ人によってその印象が変わらないことが求められます。

慣れてくれば記録は自然と速く書けるようになるよ。

まずは観察ポイントがわかるようにならないとね！

2 介護職の言葉は必要ないから省略する?!

今日は休んでいってください。

帰りたいの。

考えてみよう! 介護職の言葉を記録する意味は何かな？

　介護職のAさんは、利用者のMさんから「帰りたいの。どうやったらおうちに帰れるかしら」と声をかけられました。当初はとても帰りたそうな様子でしたが、何とか説明をして、いつも食事をしているテーブルに向かってもらいました。Aさんは、利用者の言動がわかればよいと考え、自分の言葉を省略して記録に書きました。

 利用者さんの言葉はしっかりと書かなきゃいけないけど、介護職の言葉は必要ないから省略したほうが記録もスッキリしていいよね。

 介護職の言葉を省略してしまうと、どうしてMさんがテーブルに向かったのかがわからなくなってしまうよ。

このときの記録

Mさま

日時	内容
17:00	Mさんに「私ね、帰りたいの。どうやったらおうちに帰れるかしら」と声をかけられる。休んでいくように言うと、「悪いからいいわよ、息子のご飯も心配だし帰るわよ」と言われるので、何とか説明すると「そうね。準備してもらったのに悪いものね。息子は平気なのね。それなら食べていくわね」といつも食事をしているテーブルに向かう。

確認しよう!　どこがダメなの?

チェック 1　どう声をかけたかわからない!

「何とか説明」の中身こそが重要ですが、これがわからないために、ほかの介護職がその声かけの仕方を参考にすることや、声のかけ方が適切だったかの評価をすることができません。介護職の声かけも介護の一部です。記録はその場で起こったこと、介護をした内容がわかるように書く必要があります。

チェック 2　利用者の心情が変化した理由がわからない!

帰宅したいと言った利用者に対してどのように対応したのかを書いておらず、最終的にテーブルに向かった理由がわかりません。これでは、次に同じような言動をしたときに参考にできません。

介護職の言葉も記録し、振り返られるように
しよう

Mさま

日時	内容
17：00	① 廊下を歩いていると居室から出てきて、「私ね、帰りたいの。どうやったらおうちに帰れるかしら」と声をかけられる。 ② 私は「もう夕食も準備したので、今日はここで休んでいってください」とこたえる。Mさんは、「悪いからいいわよ、息子のご飯も心配だし帰るわよ」と言われるので、「息子さんの食事なら大丈夫ですよ。夕食を準備したので食べていってください」と伝えると ③ 急に目を見開き、頬をゆるめ「そう？ 準備してもらったのに悪いものね。息子は平気なのね。それなら食べていくわね」といつも食事をしているテーブルに向かう。

ポイント 1　　どのような場面で声をかけたのかがわかるように書く

ポイント 2　　介護職の言葉も省略や要約をせずに書く

ポイント 3　　利用者の変化がわかるように書く

● 言葉のやりとりで、信頼関係の程度がわかる

　このケースで大事なのは、①Mさんから声をかけてきたこと、②息子の食事が心配で帰りたいと思っていること、③息子の無事を伝えることでMさんの不安が軽減し食事に向かってくれたことの三点です。

　特に、②と③の間に、Mさんのなかの不安が変化し行動に現れているところがあります。伝わる文章にするために、介護職の言葉であっても省略や要約をせず、ありのままの言葉のやりとりを書きましょう。言葉づかいや会話の内容で、利用者と介護職の信頼関係を読み取ることができます。

　Mさんが廊下を歩いているところにAさんに声をかけたのも、何か理由があったのかもしれません。さりげない場面で言えるほどAさんを信頼しているのかもしれません。また、その信頼感によって後半の行動の変化へとつながっているのかもしれません。

　そうした背景も読み取れるような記録を書けるようにしましょう。

 ## 介護職のかかわりの経過を記録でわかるように

　対応の仕方が悪く、利用者を興奮させてしまうこともあるでしょう。それについても、そのまま記録に書きましょう。「こんな対応をすると、興奮させてしまうんだ」とほかの介護職も理解し、今後のかかわりへの参考になります。こうしたかかわりの経過を記録に残せば、それぞれの利用者へのベストなかかわり方がわかるようになります。

3 方言は伝わらないから
標準語に直して書く?!

いいあんべえだな!

考えてみよう! 方言にはどんな役割があるのかな?

　みんなでつくった白菜の漬け物を利用者のDさんは「いいあんべえだな!」と喜んで食べてくれました。一連の会話は多くの方言が使われていたため、介護職のAさんはそのまま記録してはわかりにくいかと思い、標準語に直して記録に書きました。

方言は地方によっては全然わからない言葉もあるよね。記録はみんなに伝わるように書かなきゃいけないから、言葉は標準語に直さないとね。

方言は「その人らしさ」を表す大切な表現だよ。本当に直してしまっていいのかな?

116

このときの記録

Dさま

日時	内容
14:00	みんなで漬けた白菜の漬け物を試食すると「いい塩加減だな」と笑顔で食べられる。「この爪楊枝を捨てるところはどこ？」と聞かれたので、ごみ箱を差し出して捨ててもらう。

確認しよう！　どこがダメなの？

チェック 1　利用者の個性がわからない！

　方言からは、利用者が生活してきた地域がわかるなど、個性が感じ取れますが、標準語に直してしまうと、そうした情報が伝わりません。

チェック 2　その場の雰囲気や利用者の性格が伝わらない！

　どんな相手でも方言を使う人、話す相手や場所によって標準語に戻す人など、話し方はその場の雰囲気や利用者の性格によって変わります。そうしたことを考慮すると、方言を使ったかどうかはその場の雰囲気や利用者の性格を感じ取るための重要な情報です。

チェック 3　起こったことの一部が省略されている！

　方言の意味を聞き返すやりとりが省略されています。後で振り返りをするために、そして、しっかりと介護を行った証拠とするために、起こったことをそのまま記録しなければいけないのに、不適切です。

117

Dさま

日時	内容
14:00	みんなで漬けた白菜の漬け物を試食すると「① いいあんべえだな」と笑顔で食べられる。「① これはどこにうっちゃればいいんだい？」と言われたので、② 「どういう意味ですか」とDさんに聞くと「この爪楊枝を捨てるところはどこ？ って意味だよ」と教えてくださる。ごみ箱を差し出し、Dさんに捨ててもらう。

ポイント **1**　**方言はそのまま書く**

ポイント **2**　**利用者とのやりとりは省略せずそのまま書く**

「捨てる」の方言

　「捨てる」という言葉は最も方言で違いが出やすい言葉の一つだと思います。
- ・北海道・東北地方…投げる
- ・関西地方…ほかす
- ・甲信越地方…ぶっちゃる
- ・東海地方…ほかる　等々

　このほかにも、すつる（長崎）、ふてる（高知）、うっせる（鹿児島）など、多様です。また、同じ都道府県でも、市や町単位で言葉の意味が通じないということもあります。同じ日本でも地域によって言葉がずいぶん違うのです。
　利用者の人となりは、「捨てる」という言葉一つでとてもよく伝わります。方言をそのまま記録に書く重要性をおわかりいただけたかと思います。

● 方言をそのまま書いて、その人らしさを実感しよう

　利用者が話してくれた言葉を、標準語ではなく、そのまま書くと、利用者の人となりがみえてきます。そのため、記録はきれいな文章にしようと標準語に直さず、話した言葉をそのまま書くようにしましょう。

　ふだんコミュニケーションをとるときも記録を書くときも方言を大切にすることはよいことですが、話している言葉をくずしすぎたり、利用者との距離感が近すぎるような言葉づかいには気をつけましょう。

標準語を書かないと誤解が生じるおそれのある言葉は、標準語を併記しておくといいよ。例えば、「疲れた」を「えらい」と表現する地域もあって、この場合「偉い」と混同するおそれがあるよ。

「今日は庭仕事をしてえらい」だと、ほめているのか疲れているのか、どちらともとれるもんね。

119

4 「あなただけよ」と言われた話は省略する?!

あなただけには……

考えてみよう！ 利用者の秘密はどう扱ったらよいのかな？

　介護職のＡさんは、入浴中、利用者のＣさんから「あなただけには話す」と言われ、嫌いな利用者がいることを打ち明けられました。Ａさんは利用者の秘密を守るため、報告はせず、記録にも書きませんでした。

Ｃさんが秘密にしてほしいって言ってるから、正しい判断じゃないのかな。

利用者さんとの信頼関係は大切にしないといけないけど、誰にも言わないことが本当にその利用者さんのためになるのかな？

このときの記録

Cさま

日時	内容
14:00	〜する。10分程度浴槽に浸かり「そろそろ出るわ」と言われたので、お湯を抜くスイッチを押し、浴槽から出るのを介助して、専用のシャワーチェアで脱衣所に移動する。入浴時間は25分程度。

確認しよう！　どこがダメなの？

チェック 1　利用者の真意がわからない！

普通の生活では、嫌いな人がいたら我慢して共同生活をすることはないでしょう。しかし、入所施設や通所介護の利用者はそれができないため、介護職が利用者の真意を確認し、配慮をすべきです。しかし、記録に書かれていなければその情報を共有できません。

チェック 2　共有できず、次の介護にいかせない！

チェック①と共通しますが、この情報を知らない介護職が食事の場面などで、Cさんの嫌いな人と隣合わせにしてしまったら、Cさんはいやな気持ちになる可能性があります。これでは、利用者の快適な生活を支えるという介護職の役割を果たしているとはいえません。

チェック 3　利用者のニーズの代弁ができていない！

介護職の役割は、利用者の生活を支えることです。そのためには、利用者の真のニーズを受け止め、それを代弁していくことが必要です。その役割を考えずに、ただ秘密を守ることだけにこだわってしまうと、利用者の生活はよくなりません。

121

Cさま

日時	内容
14:00	〜する。
	浴槽に浸かりながら「 ① あなただけには話すけど、私、Nさんが嫌いなのよ。あの人、私が話そうとするといつも会話をさえぎってくるの。でもこれは言わないで。私の想いを知っている人がいるだけでいいの」と話される。10分程度浴槽に浸かり「そろそろ出るわ」と言われたので、お湯を抜くスイッチを押し、浴槽から出るのを介助して、専用のシャワーチェアで脱衣所に移動する。入浴時間は25分程度。
	次回のミーティングにて、上記の話を共有し、食事やレクリエーション時に配慮することを確認しておく。また、 ② Cさんの介護のためだけに使用し、口外厳禁であることも確認する。

ポイント **1**　利用者の言葉を書く

ポイント **2**　外部に漏らさないように記録や情報の取り扱いに配慮する

「あなただけ」の話は、貴重な情報

　他人に自分の本当の想いを伝えるのは簡単ではないはずです。だからこそ、「あなただけ」と出てきた本音は、とても貴重な情報です。
　次のケアにいかすためにも、十分に配慮したうえでしっかり記録に残しましょう。

122

● 「私だけが知っている」は利用者のためにはならないと心得よう

　このケースでは利用者の発言があったおかげで、今後、隣同士や同じテーブルにしないというさりげない配慮ができます。しかし、記録に書かなければ、事情を知らない介護職にはそうした配慮ができません。

　情報を記録して共有すれば、チームで協力して配慮ができます。そうすれば、利用者の環境をよりよくすることができます。

　「あなただけ」と言われると、共有することは気が引けますが、介護職は利用者の望む生活を継続し、支えるために、利用者のニーズを代弁し、実現する役割があります。黙っていては利用者のためになりません。

　そのため、記録には隠すことなく書きましょう。ただし、当然ですが、共有した介護職は、話した利用者に「聞いたよ」とは言わないようにしましょう。不必要に広めず、さりげない対応を心がけ、話した利用者と介護職との信頼関係をくずさないようにしましょう。

「嫌い」という発言だけにとらわれず、
その発言の真意や背景を考えたうえで
対処するのも介護職の役割だよ。

利用者さんに
配慮しながら
書く方法が
わかったよ！

ポイントは
やっぱり
「発言はありのまま
書く」ということ
だね。

Part 4

家族との
やりとりの記録

利用者さんの
家族から
連絡や相談があった
場合の記録の
書き方だよ。

直接の介護の
記録とは違う部分は
どこか、意識しながら
読んでみよう！

① 家族からの電話は 上司に報告するから記録はいらない?!

考えてみよう！ 上司が対応することは、記録しなくてよいのかな？

　介護職のＡさんは、利用者のＯさんの娘からの電話を受けました。ほかの利用者から言われたことが気になり、面会に来るかどうか迷っているとのことでした。「気にせずに会いに来てください」と伝え、そのことを上司に報告しました。後は上司が対応すると思い、記録には書きませんでした。

 家族からの連絡や相談はいつも上司が対応するから、記録に書かなくてもいいよね？

 家族や事業所外の業者には上司が対応することが多いけど、連絡や相談がＡさんにあったこと自体も記録しておかなくていいのかな？

126

確認しよう！　どこがダメなの？

チェック 1　上司に報告すれば記録はいらないと思っている！

　もし、相談状況がどうだったのかを後々チームで検討することになったときに、最初にどのような形で相談を受けたかは大事な検討材料となります。最終的な対応は上司がするとしても、「家族からの相談をＡさんが受けた」という事実を記録しないことは不適切です。

チェック 2　どのような相談を受けて対応をしたかわからない！

　上司への報告だけでは、家族がどのような声のトーンでどのように相談し、それに対してＡさんがどうこたえたのかなどの詳細な状況がわかりません。これでは、最初の対応が適切だったかどうかを後から判断できません。

チェック 3　ほかの介護職が対応できない！

　記録に書かなければ、上司以外には情報が共有されていないことになります。そのため、同じ趣旨の相談をほかの介護職が受けたときに、適切な対応をとることができません。

できる対応が限られているときの記録はどう書けばいいのかなあ？

どうすればいいの？ 質問・連絡・相談があった事実をありのままに
書こう

Oさま

日時	内容
10:00	娘さんから電話があり、① Gさんから「ここは最悪の牢屋。お前は早く帰れ」といつもくり返し言われることを話され、「ご迷惑になるし、私は行かないほうがいいですか？」と言われる。② 当のOさんは、時折「家族が今日来たんだ。ほんとは毎日会いたいんだ」と笑顔で言われることがあることを伝え「来られることを楽しみにされているので、会いに来てください。Gさんがなぜそのように話したのか対応してみます」と娘さんに伝えると「わかりました。ありがとうございます」と言われる。上司に報告し、Gさんがなぜそのように話すのか、どのように対応するかなどを相談し、③ ほかの職員とも話し合う場をつくることとなる。

ポイント 1 家族から質問・連絡・相談のあったことを
ありのままに書く

ポイント 2 そのときの介護職の対応を書く

ポイント 3 記録を残し、介護職間で共有する

これを読めば、事情を知らない
ほかの介護職が娘さんから
何か聞かれても対応できるね！

● 誰が対応するかにかかわらず、起こった出来事を ありのままに書こう

　記録は、自分の権限で対応できるかどうかにかかわらず、起こった出来事をありのままに書くのが原則です。

　多くの場合、介護職は、家族や利用者からさまざまな相談を受ける窓口になっています。そのような事実があったということを記録に書き、介護職全員に共有しておかなければ、介護職ごとに異なる対応をとってしまったり、不適切な対応をくり返してしまうおそれがあります。また、そのときの対応が適切だったかを後から判断することもできません。

　家族が誤解やマイナスイメージをもつような不適切な対応をしないように、最終的に自分では対応できなかったとしても、家族からの質問・連絡・相談は、どのような対応をしたかがわかるように記録に書くことが必要です。そして、「どのように対応するのが一番よかったか」を考えましょう。

クレーム対応や外部からの問い合わせも同様

　役職についていない介護職は、クレームや外部の会社・事業所への対応はせず、管理職などにまかせる場合がほとんどだと思います。このような場合にも、クレームや外部からの問い合わせを受けた事実については具体的に記録に書くようにしましょう。

2 クレームの記録は 「苦情」とわかるように記録する?!

考えてみよう！ クレームの記録の書き方の注意点は何かな？

　利用者のPさんの娘から電話があり、「しいたけが嫌いと言っておいたのに、昨日の昼食にでていました。きちんと伝えたのになぜなんですか」と厳しい口調で言ってきました。介護職のBさんは、やれやれといった気持ちで記録に書きました。

私たちもがんばっているんだから、ちょっとしたミスで口うるさくクレームを言われたくないよね。

「口うるさい」って思っていると、いい記録は書けないよ。

このときの記録

Pさま

日時	内容
14：00	娘さんから電話があり、「しいたけが嫌いと言っておいたのに、昨日の昼食にでていました。きちんと伝えたのになぜなんですか」と口うるさく言われた。謝罪をし、上司にすぐに報告した。

確認しよう！　どこがダメなの？

チェック 1　介護職の主観が入っている！

　家族は利用者にとってのよりよい生活環境を求めて発言しています。「口うるさい」かどうかは、介護職の主観でしかありません。

チェック 2　家族の尊厳を考えていない！

　記録の開示を求められた場合、正当な理由がない限り開示を拒否することはできません。この記録を家族が読んだときに尊厳が守られていると感じることができるでしょうか。

チェック 3　クレームを「口うるさく言われるもの」と考えている！

　クレームを、自分たちへの批判ととらえていませんか？　その考え方では、相手の発言がマイナスにはたらくばかりで、業務の改善に向かいません。

Pさま

日時	内容
14:00	娘さんから電話があった。「① しいたけが嫌いと言っておいたのに、昨日の昼食にでていました。きちんと伝えたのになぜなんですか」と ② 指摘をいただき、上司にすぐに報告。一緒に情報を確認すると、嫌いなものに「しいたけ」があると入所時に確かに聞き取りがされている。こちらのミスであったことを認め、調理スタッフに伝えるとともに、職員間でも情報を共有することを伝え、再発防止に努めると謝罪する。娘さんは「① わかりました、注意してくださいね」と言われる。 同じようなことがないように、③ 職員で情報共有をする。

ポイント **1**　家族からの言葉をそのまま書く

ポイント **2**　利用者・家族の尊厳に配慮して書く

ポイント **3**　情報共有をし、再発防止にいかせる記録にする

● 同じことをくり返さないようにしよう

　クレームがあったときは、何が起こり、どのように対応したのかを記録し、介護職間で共有することが大切です。それは、情報共有の方法に問題がないかを確認する機会になるだけでなく、クレームをもとに業務改善や再発防止に努めることで、利用者や家族からの信頼を高める機会にもなります。

● 家族の想いにも寄り添うようにしよう

　ミスを指摘されると、自分たちに非がないように繕う（つくろ）ような対応をしてしまいがちです。しかし、そうした行動は、家族からの信頼を失うことにつながりかねません。そのため、そのようなときには「自分が家族だったらどうか」というように、客観的に自分たちの行動を振り返ることが大切です。家族の想いに気づき、その想いに寄り添うことこそ、介護職がすべきことなのです。

　記録を書く際にも同じように考え、取り繕うのではなく「改善のためのありがたい指摘」と思えば、「ありのまま」に書くことができるようになると思います。

ひと呼吸おいて冷静に対応する

　介護職は、自らの感情（みずか）をコントロールする必要があるため、介護の仕事は「感情労働」と呼ばれることがあります。そのため、特にミスを指摘されると、「がんばってやってるのに」とか「なぜわかってもらえないのか」といった介護職側の想いが出やすいです。そのようなときには一度立ち止まり、ひと呼吸おいて自らの感情をコントロールできると、自分たちの行動や家族の想いに気づき、冷静に対応することができます。

考えてみよう！　共有できた話を記録する意味は何かな？

　利用者のQさんの娘から「何かをつくることが好きな人で、人に喜ばれることや頼まれることも好きな人なので、ここでもできないかしら」とその場にいた介護職たちに話がありました。介護職のAさんは、その情報は介護職間で共有できたので、記録には書きませんでした。

その場にいた介護職全員で共有できたのなら、わざわざ記録に詳しく書く必要はないよね。

その情報は、いつまでも覚えていられるかな？　また、その場にいなかった介護職にも共有できるかな？

このときの記録

Qさま

日時	内容
15:00	職員と一緒にカレンダーづくりをする。いつもその作業に意欲的に取り組まれていることを面会に来ている娘さんに話すと、貴重な話を職員全員にしてくれた。内容は聞いたとおり。

確認しよう！　どこがダメなの？

チェック 1　家族が話した内容を省略している！

　利用者が介護サービスを利用する前のことは、本人や家族などから聞き取らない限り知ることはできません。その貴重な情報を省略してしまうと、その場にいなかった介護職には伝わりません。

チェック 2　記録は後で確認するものという意識がない！

　いったんは情報共有ができたとしても、その内容を後で忘れてしまったり、その場にいなくて情報を知らない介護職もいます。記録は「以前の状況はどうだったか」と、困ったときなどに確認するためのものですが、話が省略されていると、読み返したときに何の意味ももちません。

チェック 3　記録は事業所外の人も確認するものという意識がない！

　記録は事業所外の人が読むこともあります。最近では、記録をそのままコピー・印刷して家族にわたしたり、許可を得て事業所間のやりとりでわたしたりすることもあります。そうした場合に、その「貴重な話」を共有できません。

どうしたらいいの？ 共有された情報も省略せず書き、後から
確認できるようにしよう

Qさま

日時	内容
15:00	職員と一緒にカレンダーづくりをする。① いつもその作業に意欲的に取り組まれていることを面会に来ている娘さんに話すと「何かをつくることが好きな人で、昔はパンをつくるのが好きでした。近所の人から頼まれて焼いていました。人に喜ばれることや頼まれることも好きな人なので、ここでもできないかしら」と話をされる。そのことを職員で共有し、来月のレクリエーションでパンづくりの講師となってもらうのはどうかという話になり、Qさんに話をすると、「私でもいいのかしら、でもやってみたいわね」と言われる。② 来月、実施できるように準備することとなる。

ポイント 1 その場にいた介護職間で共有された情報も書く

ポイント 2 共有された後の対応まで書く

共有された情報こそ、記録をする

　共有されていない情報を伝えるのは記録の役割ですが、会議の様子を記録した議事録というものがあるように、共有された情報も、記録する意味があります。情報の受け取り方は人それぞれです。「そんなこと言っていたっけ？」と後々認識違いを起こさないように、共有された情報こそしっかりと記録に残しましょう。

● 共有された情報も記録し、よりよい介護につなげよう

　聞き取った利用者の情報は、利用者のQOL（生活の質）の改善や意欲を引き出すことにつながる可能性があります。つまり、利用者から聞き取った情報を記録しないことは、その機会を失うことになってしまうかもしれないということです。

　記録は、読み返して改善点を見つけたり、よかった点を伸ばしたりなど、今後のケアをよくするために書くものです。しっかり記録を書いていれば、今後同じようなことが起こったときに「確か、あのときにも……」と読み返せますが、記録がなければ、不確かな記憶を頼りにあいまいな対応をすることになりかねません。そのため、利用者や家族がその場の介護職全員に話をし、いったんは情報の共有ができたとしても、記録は忘れず書くようにしましょう。

家族からの情報が、利用者への接し方を変える？

　例えば、家族が「今は怒りっぽいですけど、昔はとても家族思いで、クリスマスには……」と何気なく話してくれた利用者のエピソードが、介護職が利用者に対してもっている印象を変えることがあります。「怒りっぽくていやだな」と思って接するのと、「本当は家族思いの人なんだ」と思って接するのでは、介護職のかかわり方も変化するでしょう。私たちのかかわり方が変われば利用者の反応も変わります。「わかってもらえている」と感じてもらえれば、信頼関係ができ、ぽそっと本音を聞くことができるかもしれません。

自分で
対応したかどうかに
かかわらず、
起こったことを
具体的に書けば
いいんだね。

家族への対応が
介護職によって
ちぐはぐに
ならないように
記録の内容は
常に把握して
おこう！

Part 5

リスクや事故が あったときの記録

もしリスクや
事故があったら
あわててしまって
どう書いていいか
わからないなあ。

基本は
同じだよ。でも、
注意すべきことも
あるから、
一つひとつ
学んでいこう！

1 落ちている薬を見つけたら、落ちていたことだけ書けばよい?!

あれっ？

 考えてみよう！ 薬にかかわるリスクがあったときは、どう書けば よいかな？

　介護職のＢさんは、朝食後、食堂のテーブルの下に白い錠剤が落ちているのを見つけました。上司に報告して、利用者の内服薬を調べると、Ｃさんのものだとわかり、記録に残しました。

 薬が落ちていたこと以外に書くことってあるのかな？

薬が落ちていたってことは、飲むべき薬を飲んでいない利用者さんがいるかもしれないってことだよね。落ちていたことを書くだけだと不十分じゃないかな？

このときの記録

Cさま

日時	内容
9：00	食堂で白い錠剤を発見する。上司に報告し、Cさんのものとわかる。

確認しよう！　どこがダメなの？

チェック 1　発見した場所と薬の詳細がわからない！

　落ちていた場所を詳細に書いていればどこから落ちたかがわかり、次回気をつけることができるかもしれません。しかし、この記録では「食堂」としか書いていないため、食堂のどのあたりに落ちていたのかがわかりません。また、どのような薬が落ちていたのかもわかりません。

チェック 2　誰の薬であるか判明した根拠がわからない！

　どうしてCさんの薬だとわかったのでしょう。判明した根拠がわからず、その対応が適切だったかがわかりません。

チェック 3　その後の対応や利用者の状況がわからない！

　誤薬・服薬ミスがあったのでしょうか。あったのであれば、その後の対応はどうしたのでしょうか。この記録からは誤薬等の有無やその後の対応が読み取れません。読んだ人は、この後利用者に影響があったかどうかがわかりません。

どうすればいいの？ 落ちていたときの状況とその後の利用者の状態を詳しく書こう

Cさま

日時	内容
9:00	朝食後、① 食堂のテーブルの下に白い錠剤が落ちていた。テーブルでは、② いつも4人が食事をしている。上司に報告し、該当する4人の内服薬を調べるとCさんのものだとわかる。 ③ 看護師に報告し、主治医に確認。「血圧の薬だが、すぐに大きな変化が出るわけではないので、様子観察してください」との口頭指示を受けたと看護師より報告される。Cさんの言動に特に変化はない。

ポイント 1 発見した場所を詳しく書く

ポイント 2 誰の薬であるかを突き止めた根拠を書く

ポイント 3 対応したすべての職員と対応した結果を書く

書いてあるだけではイメージがわからない人もいるから、落ちていた薬の実物はできれば保管し、ほかの職員も確認できるようにするといいよ。

● 「誤薬」「服薬ミス」をくり返さないために正確に 詳しく書こう

　薬が落ちていたということは、本来服用されるべき薬が1回分服用されていないということです。からだの弱い利用者は、1回の誤薬や服薬ミスにより、大きな影響を受ける可能性があります。つまり、「誤薬」「服薬ミス」は利用者にとって大きなリスクです。

　こうしたミスをくり返さないために、落ちていた薬の詳細、落ちていた状況、その後の対応、そして該当する利用者の変化まで詳しく書き、チームで情報を共有しましょう。

 落とした薬を飲ませるのはNG

　病院の床に落とした物を伝って病原菌が人体に付着する確率は18％であるという研究結果があります。衛生面に気をつけている病院であっても床は不潔なのです。床は病原菌だらけと理解しましょう。当然ですが、落とした薬や食べ物を飲ませたり食べさせたりするのは絶対にやめましょう。

② 異常時はわかりやすく 「異常あり」と書けばよい?!

おはようございます。

考えてみよう！ 異常時や緊急時に書くべきことは何かな？

　いつも「おはようございます」と声をかけると、すぐに大きな声で「おう、おはよう」とこたえてくれる利用者のGさんが、今日は反応がなく、明らかにいつもと違う状態でした。上司に報告し、救急対応になりました。介護職のAさんは、異常があったことを記録に残しました。

しっかり救急対応ができたんだし、記録は異常があったことがわかるよう、素直に「異常あり」だけでいいんじゃないかな？

それだと、どんな異常があったかがわからないよね。次に同じことがあったときに適切な対応ができるかな？

このときの記録

Gさま

日時	内容
12:00	いつものように声をかけるが、反応がなく異常あり。救急対応となる。

確認しよう！　どこがダメなの？

チェック 1　どのように声をかけたかわからない！

「いつもの声かけ」を知っているのは、記録を書いている介護職だけです。状況を知らない人はどのように声をかけたかがわかりません。これでは異常時の状況がチームに正確に伝わらず、今後にいかすことができません。

チェック 2　どんな異常かわからない！

何を根拠に「異常」としたのでしょう。明らかにいつもと様子が違う利用者を目の当たりにすると、介護職もあわててしまって詳しく覚えていられない可能性があります。これでは何があったのか家族から説明を求められても、具体的に説明できないかもしれません。

チェック 3　異常に対しての対応がわからない！

異常があった後、介護職はどう対応し、利用者はどうなったのでしょう。このときの記録がないと、介護職はその対応が正しかったのかどうかを証明できません。

どうすればいいの？ 異常の具体的な内容からその後の
対応・結果まで書こう

Gさま

日時	内容
12：00	9時頃、❶ テレビ前のソファーに座っているGさんに「お はようございます」と言うと、いつもは大きな声で「おう、 おはよう」とこたえてくれるが、❷ こっちを見てくれない。 肩をたたき、声をかけると「おお、う、お、は、よ、う」と はっきりせず、声も小さい。管理者に報告し、主治医に連絡 すると、救急車を要請することに。看護師が同伴し、救急 搬送となる。❸ 検査を行い、軽い脳梗塞と診断され、すぐ に治療が開始。入院となる。

ポイント **1**　声かけの内容を具体的に書く

ポイント **2**　いつもとの違いを具体的に書く

ポイント **3**　その後の対応とその結果を書く

あわてていると、つい起こったことを忘れてしまいがち。
「何があったっけ……」とならないよう、可能なときに
メモを取って、落ち着いたらすぐに記録を書こう。

● 何かあったときの記録から学べることは多い

　介護を必要とする利用者には異常事態が起こることが多く、また、重症化することも多いです。そのため、そのとき介護職が適切に対応したかどうかについて、家族をはじめ、状況を知らない人に説明するためにも、その状況を具体的に記録することは重要です。

　また、そうした事態を極力減らし、利用者の安全と健康を守るために記録をチームで共有し、振り返りを行えば、改善策を見つけることもできます。

　何かあったときの記録から学べることは、とても多いのです。

はっきりと何が違うか見つけ出そう

　ふだんから利用者にかかわる介護職は、利用者の態度や行動、表情などに変化があり、「どこか違うな」と違和感を感じることがあります。それは熱が出ていたり、便秘だったりといった場合でも同様です。

　介護職の気づきはとても大事ですが、その「ふだんとの違い」を明らかにできるように、頭のなかを整理して、何が違うのか見つけることが大切です。そうすることで、おのずとどのような視点で記録を書けばよいかがわかるようになります。

③ ミスがあっても 問題なければ記録しない?!

すみません。

どうして来ないんだ!

考えてみよう! 事故につながらなかったら、ミスは書かなくて よいのかな?

　利用者のDさんは、いつも排泄（はいせつ）に 10 分くらいかかります。介護職のBさんはその間にDさんのことを忘れてしまいました。あわてて駆（か）けつけたところ、「さっきから呼んでるのに、どうして来ないんだ」と怒られてしまいましたが、けがはなかったので、記録には詳しく書きませんでした。

たまにやっちゃうんだよね～。Dさんにけががなくてよかった！　はずかしいから記録にはあまり書きたくないよね。

今回はたまたまけががなかったからよかったけど、そのことを記録しておかなくて本当にいいのかな?

このときの記録

Dさま

日時	内容
18：50	夕食後、排泄介助。少し長い時間、便座に座っていたが、排尿あり。居室に戻る。

確認しよう！　どこがダメなの？

チェック 1　ミスをしたことが明確に書かれていない！

　その後利用者に問題がなかったとしても、介護職がおかしたミスが書かれていないと、「隠した」ととらえられてしまう可能性があります。

チェック 2　ミスの状況がわからない！

　「少し長い時間」とはどのくらいでしょうか。また、それに対し、利用者がどう反応したのかなどもわかりません。本当に問題がなかったのか、読んだ人はわかりません。

チェック 3　ミスが起こった背景がわからない！

　少し長い時間座っていたのはなぜでしょうか。どういうことがあってそうなったのかがわからないので、同じことをくり返してしまうリスクがあります。

Dさま

日時	内容
18：50	夕食後、トイレに行かれる。ズボンの上げ下ろしに介助が必要なので、介助後、便座に座ったDさんに「終わったら呼んでください」と声をかけてドアを閉める。 ふだん、Dさんはトイレに10分くらいかかる。その間Cさんの口腔ケアをしていて、① ② Dさんのことを忘れてしまった。20分後に思い出し、トイレに駆けつけると「さっきから呼んでるのに、どうして来ないんだ」と大きな声で話される。③ 便座に座っており、けがはなかった。謝罪をして、居室まで一緒に歩いて戻る。便器内を確認すると排尿あり。

ポイント **1**　ミスは真摯に記録する

ポイント **2**　ミスの状況を具体的に書く

ポイント **3**　ミスによる影響を確認し、記録に書く

● 次のミスを防ぐために記録を書こう

　ミスの状況が書かれている介護記録を読むことは、同じようなことを再度起こさないためにどのような予防策をとるべきかを考えるきっかけになります。それは、利用者を安全に介護するために必要です。

　「ハインリッヒの法則」というものがあります。これは、ある工場での事故の発生について調査し、1件の重大事故の背景には、重大事故に至らなかった29件の軽微な事故が隠れていて、さらに事故寸前だった300件のヒヤリハット（ヒヤリとしたりハッとしたりしたこと）が隠れているというものです。このことからもわかるように、ヒヤリハットは書き溜めて、周囲とその情報を共有し、予防策をとることが、事故を起こさないために重要なのです。

　記録は書くことだけが大事なのではありません。書かれている情報を共有し、日常に危険があるということを意識することで、次のミスを防ぐことが大切なのです。

ミスがあったことより、ミスを周囲に知らせないことのほうが利用者さんにとってよくないんだね。

ミスがあっても真摯に伝えられるように、ふだんから上司も交えて職場で話し合っておくといいよ。

151

4 ふらついても
転ばなければ記録しない?!

考えてみよう! ヒヤリハットの内容を書くだけでよいのかな?

　介護職のAさんは、利用者のRさんの歩行を見守っているときに、ほかの利用者に話しかけられ、Rさんから目を離した瞬間、Rさんは大きくふらついてバランスをくずしました。ほかの介護職に支えられ、転倒はしませんでしたが、その介護職から注意されました。

 ヒヤリハットだね。利用者さんに何かあったらいけないから、バランスをくずしてしまったことはしっかり記録に書かないとね。

 バランスをくずしたことを書くだけで、ヒヤリハットの防止につながるかな?

このときの記録

		Rさま
日時	**内容**	
11：30	居室から食堂まで後ろから見守りで歩行。途中バランスをくずされるが、職員の〇〇に支えられ、転倒はしなかった。	

確認しよう！　どこがダメなの？

チェック 1　なぜバランスをくずしたのかわからない！

　バランスをくずした原因は何でしょうか。利用者の身体機能によるものなのか、介護職に落ち度があったのか、バランスをくずす前の状況が書かれていないため、どのような原因でバランスをくずしたのかがこの記録からはわかりません。

チェック 2　どのような状況でバランスをくずしたのかわからない！

　バランスをくずしたとき、どのような状況だったのでしょうか。見守り歩行をしていたのに、なぜほかの介護職が支えることになったのかなどがこの記録からはわからず、今後のヒヤリハットの防止にいかせません。

チェック 3　利用者の状態がわからない！

　転倒はしなくても、介護職に支えられたときには大きな衝撃があったはずです。このときは大きなけががなくても、後々症状が出る場合もあります。この出来事があったときの利用者の詳細な情報が記録に書かれていなければ、後で何かあったとき、原因を探ることができません。

次の失敗防止にいかせるような具体的な
記録を書こう

R さま

日時	内容
11:30	昼食前、居室から食堂まで歩いて移動され、その後ろで見守りを行う。 ① Cさんの居室の前を通ったときに、Cさんに「ちょっとあんた、後でこのテレビ見てくれない？ 何だか調子が悪いのよ」と声をかけられ、「わかりました、後で戻ってきますね」と話をし、Rさんから目を離した。その瞬間、② Rさんは大きくふらついてバランスをくずし、左側に倒れそうになったが、前から歩いてきた職員の〇〇に支えられ、転倒には至らなかった。③ ふらつきを受け止めた際に大きな衝撃はなく、Rさんに状態を確認するも「全然大丈夫だよ」との言葉あり。〇〇から注意を受け、Rさんと歩行を再開し、食堂の席まで無事に到着する。

ポイント 1 原因となる出来事が起こる前の状況を書く

ポイント 2 出来事の具体的状況を書く

ポイント 3 利用者の状態と言葉をそのまま書く

154

● 失敗から学ぶことが大事だと心得よう

　同じことをくり返し起こさないためにも、ヒヤリハットについては詳細な記録を書きましょう。

　ミスしたことを記録に書くことは誰でもいやだと思うはずです。しかし、介護の仕事では、管理できなかったり、想定できなかったりすることが起こり、ミスをすることもあります。そうした場合は失敗のなかから学べば、次にはよりよい介護を提供することができます。

　そのためには、そのときの状況がよくわかる記録をしっかりと書くことが絶対条件です。そして、書くだけではなく、後から読み返し、振り返りをすることも必要です。

 何日か後に症状が出る「慢性硬膜下血腫」

　転んで頭を打ったり、ぶつけたりしたときに、頭蓋骨の下にある硬膜と脳の間に血が溜まり、その溜まった血（血腫）が脳を圧迫してしまう病気を慢性硬膜下血腫といいます。頭を打った直後は何ともなくても、しばらくして（通常1〜2か月後）、頭痛や嘔吐、歩行障害、認知症症状を伴う傾眠などが起こります。自然に血腫が吸収され、症状が治まることもありますが、治らずに別の病気だと勘違いされ、適切な治療が行われないおそれもあります。

　日頃の小さな変化を記録に残すことで、症状を発見しやすく、また、原因を特定しやすくなるため、「からだをどこかにぶつけなかったか」といったことは丁寧に確認し、しっかりと記録に残すようにしましょう。

5 緊急時は覚えていることだけ書けばよい?!

Sさん!!

ううう……

考えてみよう! 緊急時は記録を詳しく書けなくても
しょうがないのかな?

　介護職のAさんは、デイサービスを利用しているSさんのお迎え
時、Sさんが玄関でうずくまっているのを発見しました。救急対応
終了後、記録を書きましたが、覚えていることが限られていたため、
大まかにしか書けませんでした。

一刻を争う事態なんだから、記録は二の次になっても仕方な
いんじゃないかなあ。

緊急事態こそ詳細な記録を残すことが大事だよ。そのために
は何をすればいいのかな?

このときの記録

S さま

日時	内容
14：00	8時30分にお迎えに行くと、Sさんがうずくまっているのを発見。すぐに管理者に連絡し、救急搬送となる。

確認しよう！　どこがダメなの？

チェック 1　発見までの経緯・状況がわからない！

　異常を発見した介護職の「気づき」を共有すれば、次回の早期発見にいかせるはずです。しかし、この記録では、どうしてうずくまっていたSさんを発見できたのかや、どこでうずくまっていたのかといった、発見までの経緯や状況がわかりません。

チェック 2　自らがとった行動の詳細がわからない！

　管理者に連絡したのはわかりますが、救急隊が到着するまでにとった行動がどのようなものであったかがわかりません。これではこのときの行動が適切であったのかをチームで検討したり、本人や家族に伝えることができません。

チェック 3　搬送後の対応がわからない！

　救急搬送となったことはわかりますが、家族への連絡やどの病院に運ばれたのかなど、搬送後の対応や状況がわかりません。そのため、搬送後の対応が適切であったのかが判断できません。

_____Sさま

日時	内容
14:00	① 8時30分　デイサービスの送迎でお宅のインターホンを鳴らすが応答がない。鍵（かぎ）が開いており、のぞくと玄関でSさんがうずくまっている。呼吸はあるが、声かけへの反応がない。② 手首での脈の確認はできた。
	① 8時40分　② すぐに管理者に連絡。救急車を要請（ようせい）するよう伝える。到着までに、呼吸を確認しながら、バイタルサインを測定する。
	① 8時45分　体温35.7℃、血圧179／81mmHg、脈拍89回／分、SpO2　96％。
	① 8時47分　救急隊到着。② 状況を説明する。管理者から電話があり、「家族と連絡がついた。家族は搬送先の病院がわかり次第向かう」とのこと。そのことを救急隊に伝え、電話をかわり、救急隊に管理者から家族の情報が伝えられる。
	① 9時7分　玄関外にストレッチャーが準備され、救急車にて○○病院に搬送される。

ポイント 1　発見までの経緯と発見後の対応を時系列で書く

ポイント 2　自らがとった行動を詳細に書く

● 記録を書いて自分が適切な対応をした証拠を残そう

　急変時の記録は、それ自体が医療・看護職への重要な情報源であるとともに、自分を守るためのものでもあります。記録がない場合、ほかの人は2人きりの空間で何が起こったかを知ることができませんが、詳細に書いた記録があれば、自分が適切な対応をしたことを証明することができます。

　また、書いた記録を介護職間で共有することで、次の思わぬ事態にいかすことができます。緊急時には記録は二の次ではなく、緊急時こそ記録が大事なのです。

 緊急時のシミュレーションを常日頃しておく

　「利用者が倒れていたらどうすればよいか」「電話は手元にあるか」「ペンとメモはすぐに取り出せるか」と、訪問先のインターホンの前で確認することが大切です。常日頃から必要なものの準備と対応、心構えをしておきましょう。この積み重ねが思わぬ事態が起こったときに行動につながります。頭のなかでシミュレーションを忘れずにしてください。

 ふだんから緊急時にメモを取れるようにしておく

　緊急時には、必死に対応するため、正確に覚えておくことが難しいです。しかし、緊急時こそ正確な記録を残すことが求められます。そのため、どんなときでもメモを取り出せるようにしておきましょう。
（緊急時のメモの取り方の例）
　メモとペンを取り出し、床や机など、片手でも書けるところに置きます。次に、利用者に対応しながら、できれば何かを行う前に、時間と行うことを単語単位でもよいのでメモを取ります。
　例えば、8:30　発見、声かけ、8:40　管理者TEL、8:45　35.7℃　179/81　89　96％　など、この程度書いておけば、後で思い出しながら記録する際に詳細に書くことができるでしょう。

Part 6

多職種間での
やりとりの記録

看護師や
ケアマネジャーとの
やりとりについての
記録の書き方を
学ぼう！

同じ職種
じゃないから
緊張するなあ。

① 介護職は専門外のことを書いてよい?!

褥瘡にならないように、
軟膏を塗るようにしましょう。

わかりました。

考えてみよう! 専門外のことまで記録に書く意味は何かな?

　介護職のBさんは、利用者のTさんの殿部(でんぶ)に発赤(ほっせき)があったため、看護師に報告すると、褥瘡(じょくそう)にならないよう皮膚(ひふ)の状態観察をすることや、主治医から処方されている炎症止めの軟膏(なんこう)を塗ることを指示されました。専門的なことをたくさん言われたので、Bさんはどこまで記録に書いてよいかとまどっています。

介護職は医療的なことはしてはいけないことになっているし、間違っていてもいやだから、専門外のことはあまり書きたくないよね。

最も近くで利用者さんに接する介護職だからこそ、専門外のことも知って、記録に残す必要があるよ。

このときの記録

Tさま

日時	内容
14:00	看護師から指示あり。殿部に軟膏を塗る。

確認しよう！　どこがダメなの？

チェック 1　看護師の指示の根拠がわからない！

軟膏を塗る指示は主治医の指示を受けた看護師でないとできませんが、指示に至った経緯のなかでは介護職が深くかかわっていることがあるはずです。そのなかには褥瘡予防のために介護職ができることもあるはずですが、この記録ではそうした振り返りができません。

チェック 2　どのような目的で軟膏を塗ったのかわからない！

「軟膏」の効能も成分によって異なります。どのような軟膏を塗ったのかがこの記録ではわかりません。いつからどのような薬品を使っているのかがわからないと、介護職は適切な経過の観察ができません。

> 介護職であっても、しっかりと看護師の
> 言ったことを書かなきゃいけないんだね。
> どのように書けばいいのかなあ？

Tさま

日時	内容
14:00	入浴介助中、① 殿部に3×3cmの発赤を発見。Tさんは「② なんも痛くない」とのこと。③ すぐに看護師に報告すると「車いすに座っている時間が長く、除圧に有効な座り直しができないからではないか」とのこと。褥瘡にならないように皮膚の状態観察をすることと、主治医から処方されている④ 炎症止めの軟膏を塗ることを指示される。入浴後、脱衣所でパンツを上げる前に立ってもらい、軟膏を発赤部に塗る。

ポイント **1**　皮膚の状態を具体的に書く

ポイント **2**　利用者の言葉をそのまま書く

ポイント **3**　どのような判断で看護師が指示したかを書く

ポイント **4**　軟膏の種類や効能をわかる範囲で書く

看護師の指示がどう実行されたかがよくわかるね！

● 介護職も責任をもって利用者と向き合おう

　看護師の指示だからといって、介護職に責任がないということはありません。塗り方を間違えたり、指示どおりに塗らなかったりすれば、介護職にも責任があります。利用者の生活に最も寄り添う職種である介護職の責任は大きいのです。その責任を果たし、しっかりと日頃（ひごろ）から介護ができていることを示すために、専門外のことでも記録に書く必要があります。

　介護職は、原則、医療行為を行うことができません。だからといって、何もかも医療職に言われたとおりに行うだけでは利用者の生活を支えられません。万が一誤った指示を受けた場合には、それを指摘できるようになっておく必要があります。

　そのためには、専門外のことであっても、日頃から「なぜそうするのだろう」と疑問をもち、きちんと根拠（こんきょ）を確認することを習慣化することが大切です。

専門外の知識を含んだ記録を書くためには

　担当の利用者に使われている薬品類は、効能などを最低限理解しておきましょう。最近ではインターネットなどで簡単に調べることができます。ただ、なぜその利用者に処方されているかといった根拠については、医師や看護師に確認するのが一番です。こうした知識の引き出しが多ければ多いほど、専門外のことであっても医療職の説明を理解することができ、適切な記録を書くことにつながります。

2　他職種に相談したことは結論が出ないと　何を書けばよいかわからない……

ご家族から相談がありまして……

わかりました。
理学療法士に
相談してみます。

考えてみよう！　他職種に相談中の記録はどう書けばよいのかな？

　介護職のAさんは、パーキンソン病のあるUさんの妻から、「ここ数日症状が悪化し、朝の介護が大変になった。何とかならないか」と相談を受けました。そのため、ケアマネジャーから理学療法士に相談してもらい、専門職を集め、2日後に話し合いをすることになりました。

まだ何も決まっていないから、記録に書きづらいなあ。とりあえず相談したことだけ書いて、詳細は2日後に書けばいいんじゃないかな？

多職種で検討している相談内容が今現在どうなっているのか記録で確認できないと、介護職チームはうまく連携（れんけい）できるかな？

このときの記録

Uさま

日時	内容
14:00	歩行状態が悪いため、ケアマネジャーに報告し、担当の理学療法士に相談してもらう。

確認しよう！　どこがダメなの？

チェック **1**　相談のきっかけがわからない！

相談は介護職の気づきがきっかけでしょうか。それとも、家族や利用者からの要望でしょうか。そうしたきっかけがわからないうえに、本人たちの同意があったかどうかもわからず、自己決定の側面からも不適切です。また、相談の全体像もみえづらく、チームで対応するときにちぐはぐな対応となるおそれがあります。

チェック **2**　歩行状態がどのように悪いのかわからない！

利用者の生活に深くかかわる介護職だからこそ、歩行状態に関する介護職なりの観察結果があるはずです。そうした情報は記録し、共有しておかないと、相談を受けた人以外の介護職が他職種から質問されたときなどに対応できません。

チェック **3**　他職種に相談した後のことがわからない！

利用者の介護をどうするかという結論は出ていませんが、相談した理学療法士からは何かしらの回答があったはずです。どのように相談し、どういう回答を得られたのか、相談に対する対応がどうだったかを書かなければ、チームで共有できず、うまく連携できません。

167

チームで統一された見解となるような記録を
目指そう

Uさま

日時	内容
10：00	訪問介護中、奥様より「① ショートステイから帰ってきてから、朝の介護の量が増えて大変。どうにかならないかしら」と相談される。② 移動は手引き歩行が可能だが、小刻み歩行が目立ち、声をかけてゆっくりと行わないと足が前に出てこない。そのため、ケアマネジャーに状態を報告し、理学療法士と相談するとのこと。
16：30	ケアマネジャーより連絡があり、理学療法士は、「話を聞く限り、リハビリが必要なのではと思います。まずは状態をチェックして、多くかかわれるように日程を調整します」とのこと。③ 本人と家族にも伝え、2日後の午後に自宅で専門職が集まり話し合いをする同意を得る。

ポイント **1** 家族が相談に至ったきっかけを書く

ポイント **2** 家族から相談を受けた介護職のアセスメントを書く

ポイント **3** 他職種に相談した後のことを書く

● 多職種連携に役立つ記録を書こう

　施設・在宅どちらの場合でも、他職種との相談において、その場でこたえが出ることは少ないでしょう。普通は、それぞれの職種の見解をまとめ、対応できることを考えてから、一堂に会し、本人や家族の意向を聞きながら方向性を見出さなければならないからです。

　専門職が、この方法がよい、このくらいの頻度で行うことがよいと言っても、最終的には本人の意思を一番尊重します。また、家族が介護している場合には、本人同様に家族の意思も尊重します。そのため、現状の理解に専門家と家族の間で差が生まれないように、誰にでもわかるようなやさしい言葉で記録を書くことが必要です。

　考えを文章にして整理することは大事なことです。記録を書くことができるようになると、頭のなかが整理できて、話すポイントも整理でき、伝えることができるようになります。

１人の利用者さんには介護職だけではなく、いろいろな職種がかかわっているんだね。

それぞれの職種に介護職の考えがきちんと伝わるように、しっかりとした記録を書こう。

169

3 ケアマネジャーが記録することは 書かなくてよい?!

歩行も
安定してきて……
もう大丈夫ね。

最近、移乗動作が安定して
いるんです。
以前の歩行器を
使用してみてはと……

考えてみよう! ケアマネジャーと介護職の記録の役割の違いって
何かな?

　介護職のBさんは最近、利用者のVさんの移乗動作が安定してい
ることから、キャスター付き歩行器の使用をケアマネジャーに相談
しました。ケアマネジャーのアセスメントの結果、歩行器を準備す
ることになりましたが、そのことはケアマネジャーが記録するはず
だと思い、詳細は書きませんでした。

ケアプランやケアマネジャーの記録に書かれているんだか
ら、わざわざ記録に書く必要はないよね。

ケアマネジャーと介護職の役割の違いって何かな?　それを
考えると、そうは言えないんじゃないかな?

このときの記録

V さま

日時	内容
16:00	ケアマネジャーと移動方法について相談する。

確認しよう！　どこがダメなの？

チェック **1**　介護職が気づいたことが書かれていない！

　この提案は、ケアマネジャーでは気づかなかった介護職独自の視点があったからこそなされたものです。どうして移動方法の相談に至ったのか、その気づきの視点まではケアマネジャーの記録には詳しく書かれないはずです。

チェック **2**　相談内容がわからない！

　介護職はどのように相談したのでしょうか。相談した結果はどのようになったのでしょうか。この記録では相談内容がわからず、チームで情報を共有できません。

チェック **3**　ケアマネジャーとの役割の違いに気づいていない！

　全体のサービスの進行状況を記録するケアマネジャーと、利用者の日々の生活状況を記録する介護職では、役割が異なります。介護職が記録を残さなければ、ケアマネジャーの記録を読むことのないチームのほかの介護職は、利用者の生活状況を正しく共有できません。

Vさま

日時	内容
16：00	ケアマネジャーに移動方法について相談する。 熱が出てから移動方法は車いすとなっていたが、① ベッドからの移乗時にふらつくこともなく、車いすが少し遠くても安定して1、2歩歩かれる。そのため、② 以前使用していた歩行器に変えてはどうかと聞く。 ケアマネジャーは「歩行も安定してきて、介助の心配もなくなってきたし、もう大丈夫ね」とのこと。そのことについてアセスメントをしてもらい、ケアマネジャーからVさんに意思を確認し、キャスター付き歩行器が準備でき次第使用することになる。

ポイント 1 相談に至った状況を具体的に書く

ポイント 2 相談した内容とその結果がわかるように書く

ポイント 3 ケアマネジャーと介護職の役割の違いを意識して書く

● 介護職としての立場から記録を書こう

　介護職は利用者の生活に一番近く、その生活を支える視点から利用者を観察し、介護を実施します。一方、看護師は治療や療養上の世話という視点、ケアマネジャーは全体的な立場からみるという視点の違いがあります。

　このように、専門職がそれぞれ違う役割を担っているため、同じ事柄に対してでも、記録に書く内容はそれぞれの立場で微妙に違ってきます。

　もちろん同じ事柄を書けば似通ってくることはありますが、それぞれの立場の違いから専門性を発揮して記録を書くため、他職種が書いてくれるからといって介護職が記録を書かなくてよい理由にはなりません。

　また、利用者の生活を最適な状態にするためには、他職種に対して正確な情報を報告・記録しなければ、彼らは正しい判断はできません。他職種に正しい判断をしてもらえるよう、誰が読んでもわかる具体的な記録を目指しましょう。

ケアマネジャーとは

　ケアマネジャー（介護支援専門員）は、その名のとおり、利用者に提供するケアをマネジメントする専門職です。利用者をアセスメントし、かかわる専門職の話を聞き、記録を読み、利用者に提供する最適なケアは何かを考え、本人や家族に提案し、ケアプラン（介護サービス計画）を作成します。

記録が
しっかりしている
ということは
観察ができている
ということ
なんだよ。

つまり
しっかり介護が
できている
ということなんだね！
よーし、
たくさん書こう！

著者紹介

鈴木　真（すずき　まこと）

株式会社まこじろう福祉事務所　執行取締役
　　小規模多機能型居宅介護　まこさんち　管理者
　　公益社団法人　神奈川県介護福祉士会理事
　　湘南医療福祉専門学校　非常勤講師
　　株式会社ケアワーク弥生　講師
　　株式会社あおいけあ　教育担当者

YMCA健康福祉専門学校にて介護福祉士の資格を取得し、病院で勤務。病院勤務時代に、役職者として病棟運営や人材育成にたずわり、介護教員の資格も取得。教育を学ぶなかで、介護過程での介護の専門的な思考を言葉にすることや記録として残すことの重要性を知る。病院退職後は、地域密着型の介護事業所教育担当やボランティア活動の事務局の仕事をするなかで、介護業界をよりよくしたいと考え、「環境を変えることで介護が変わる」と株式会社まこじろう福祉事務所を設立し、人材育成のコンサルタントや講師として活動する。現在は、小規模多機能型居宅介護を開所して、「困った人が目の前にいたら助ける」とさまざまなケースを断らず、精力的に受け入れている。
著書に『そのまま書ける！　早引き　介護記録の文例・表現事典』（ナツメ社）。

ステップアップ介護

よくある場面から学ぶ介護記録

2020 年 4 月 15 日　初 版 発 行
2021 年 9 月 10 日　初版第 2 刷発行

著　者 ……………………… 鈴木真

発行者 ……………………… 荘村明彦

発行所 ……………………… 中央法規出版株式会社
　　　　　　　　　　　〒 110-0016 東京都台東区台東 3-29-1 中央法規ビル
　　　　　　　　　　　営　　業　　Tel. 03-3834-5817　Fax. 03-3837-8037
　　　　　　　　　　　取次・書店担当　Tel. 03-3834-5815　Fax. 03-3837-8035
　　　　　　　　　　　https://www.chuohoki.co.jp/

装幀・本文デザイン ……… 石垣由梨、齋藤友貴（ISSHIKI）

本文イラスト ……………… 藤田侑巳

キャラクターイラスト ……… こさかいずみ

印刷・製本 ………………… 株式会社アルキャスト

ISBN978-4-8058-8116-3